CAMINHOS DA POLÍTICA NO MINISTÉRIO PÚBLICO FEDERAL

AMANUENSE

Rafael Rodrigues Viegas

CAMINHOS DA POLÍTICA NO MINISTÉRIO PÚBLICO FEDERAL

1ª EDIÇÃO
SÃO PAULO • 2023

AMANUENSE

Edição e preparação: Rodrigo Haidar
Revisão: Rafael Baliardo
Projeto gráfico e diagramação: Luciana Huber
Imagem de capa: 123 RF

Dados Internacionais de Catalogação na Publicação (CIP)
(Câmara Brasileira do Livro, SP, Brasil)

Viegas, Rafael Rodrigues
Caminhos da política no Ministério Público Federal / Rafael Rodrigues Viegas. -- 1. ed. -- São Paulo : Amanuense, 2023.

Bibliografia.
ISBN 978-65-80788-11-8

1. Ciência política 2. Ministério público - Brasil I. Título.

23-152403 CDD-320

Índices para catálogo sistemático:
1. Ciência política 320

Aline Graziele Benitez - Bibliotecária - CRB-1/3129

AMANUENSE

Amanuense Livros Ltda.
Rua Nilo 241, Sala 02 – CEP 01533-010 São Paulo SP
contato@amanuense.com.br
www.amanuense.com.br

Para Silvia, Rafa e Max.

AGRADECIMENTOS

Agradeço ao Programa de Pós-Graduação em Administração Pública e Governo da FGV EAESP o excelente curso de doutorado, o aprendizado, o apoio e, especialmente, o prêmio de melhor tese de doutorado em 2022. À Maria Rita Loureiro, professora e pesquisadora exemplar, minha orientadora e referência intelectual, a quem dedico o referido prêmio. Da mesma instituição, agradeço aos professores e pesquisadores Fernando Luiz Abrucio, Marco Antonio Carvalho Teixeira, Mário Aquino Alves, Claudio Gonçalves Couto, Gabriela Lotta, e à Secretaria da Coordenação da Pós-Graduação, na pessoa de Andressa Munhões, todo o apoio.

Aos integrantes da minha banca de defesa da tese na FGV EAESP, Maria Rita Loureiro, Fernando Luiz Abrucio, Adriano Codato e Vanessa Elias de Oliveira, e, informalmente, na trajetória da pesquisa, a Renato Perissonotto, todas as sugestões, os relevantes comentários e a discussão substancial, que aprimoraram a tese.

À RBCP a publicação de dois artigos que derivaram da minha tese, em 2020 e em 2022, e aos seus pareceristas anônimos os comentários que contribuíram para o trabalho.

À SBAP e aos seus pareceristas o prêmio de melhor tese de doutorado de 2022. À ANPAD, na presidência de Alketa Peci. À ABCP, nas diretorias presididas por Luciana Veiga e Vanessa Elias de Oliveira. À ANPOCS, na presidência de Miriam Grossi. Durante o doutorado, nos eventos acadêmicos dessas três associações, apresentei trabalhos derivados de pesquisas relacionadas à tese e pude melhorar como pesquisador.

Agradeço à CAPES o apoio financeiro com a bolsa de doutorado. Ao FGV EAESP Pesquisa e Publicações, na pessoa de Thomaz Wood, o apoio recebido.

Em especial, agradeço a Fernando Luiz Abrucio e a Marco Antonio Carvalho Teixeira, da FGV EAESP, o aprendizado, acolhimento e o incentivo, igualmente, a Adriano Codato e Renato Perissinotto, desde a UFPR.

Agradeço aos integrantes do MPF e dos MPs estaduais o acesso aos dados, as sugestões e conversas que possibilitaram o desenvolvimento da pesquisa empírica. Aos amigos de doutorado, na pessoa de Natasha Borali, a convivência e a certeza de que passamos juntos por um dos momentos mais difíceis, em plena pandemia, mas acreditando sempre na Ciência e em um futuro melhor. À Mercês, Gioconda (*in memoriam*), Tereza, Clarissa Gerhardt e Lenir Franhan, quando mais precisei, vocês estavam presentes.

SUMÁRIO

ILUSTRAÇÕES

TABELAS

QUADROS

LISTA DE ABREVIATURAS E SIGLAS

Abert: Associação Brasileira de Emissoras de Rádio e Televisão

ABI: Associação Brasileira de Imprensa

ACP: Ação civil pública

AGU: Advocacia-Geral da União

AJUFE: Associação dos Juízes Federais do Brasil

AMAGIS/DF: Associação dos Magistrados do Distrito Federal e Territórios

AMB: Associação dos Magistrados Brasileiros

AMPDFT: Associação do Ministério Público do Distrito Federal e Territórios

ANAMATRA: Associação Nacional dos Magistrados da Justiça do Trabalho

ANJ: Associação Nacional de Jornais

ANMPM: Associação Nacional do Ministério Público Militar

ANPR: Associação Nacional dos Procuradores da República

ANPT: Associação Nacional dos Procuradores do Trabalho

AP: Ação penal

ARENA: Aliança Renovadora Nacional

Art.: Artigo

ASSART: Assessoria de Articulação Parlamentar

BCB: Banco Central do Brasil

CF/88: Constituição Federal de 1988

CADE: Conselho Administrativo de Defesa Econômica

CAOP: Centro de Apoio Operacional das Promotorias

CSC: Conselho Superior de Censura

CCR: Câmara de Coordenação e Revisão

CNBB: Confederação Nacional dos Bispos do Brasil

CONAMP: Associação Nacional dos Membros do Ministério Público

CONATRAE: Comissão Nacional para Erradicação do Trabalho Escravo

CNJ: Conselho Nacional de Justiça

CNMP: Conselho Nacional do Ministério Público

CNPG: Conselho Nacional dos Procuradores-Gerais

CPDOC: Centro de Pesquisa e Documentação de História Contemporânea do Brasil

CPP: Código de Processo Penal

CPSI: Centro de Pesquisa e Segurança Institucional

CSMPF: Conselho Superior do Ministério Público Federal

DASP: Departamento Administrativo do Serviço Público

DCP: Departamento de Ciência Política

DECOM: Departamento de Comunicação

DF: Distrito Federal

DOU: Diário Oficial da União

EAESP: Escola de Administração de Empresas de São Paulo

ENCCLA: Estratégia Nacional de Combate à Corrupção e à Lavagem de Dinheiro

ENPRs: Encontros Nacionais dos Procuradores da República

EC: Emenda Constitucional

ESMPU: Escola Superior do Ministério Público da União

EUA: Estados Unidos da América

FENAJ: Federação Nacional dos Jornalistas

FGV: Fundação Getulio Vargas

FMI: Fundo Monetário Internacional

FRENTAS: Frente Associativa da Magistratura e do Ministério Público

GAECO: Grupo de Atuação Especial de Repressão ao Crime Organizado

IAP: International Association of Prosecutors

LACP: Lei de Ação Civil Pública

LC: Lei Complementar

LEP: Lei de Execução Penal

LIA: Lei de Improbidade Administrativa

MP: Ministério Público

MPF: Ministério Público Federal

MPM: Ministério Público Militar

MPT: Ministério Público do Trabalho

MPU: Ministério Público da União

OCDE: Organização para a Cooperação e Desenvolvimento Econômico

OEA: Organização dos Estados Americanos

ONU: Organização das Nações Unidas

P. único: Parágrafo único

PAE: Parcela Autônoma de Equivalência

PEC: Projeto de Emenda à Constituição

PFDC: Procuradoria Federal dos Direitos do Cidadão

PFL: Partido da Frente Liberal

PT: Partido dos Trabalhadores

PGR: Procuradoria-geral da República

PGRs: Procuradores-gerais da República

PL: Projeto de Lei

PMDB: Partido do Movimento Democrático Brasileiro

PRN: Partido da Reconstrução Nacional

PSDB: Partido da Social Democracia Brasileira

PSL: Partido Social Liberal

RBCP: Revista Brasileira de Ciência Política

RIMPF: Regimento Interno do Ministério Público Federal

Res.: Resolução

SECODID: Secretaria de Coordenação da Defesa dos Direitos Individuais e dos Interesses Difusos

STF: Supremo Tribunal Federal

STJ: Superior Tribunal de Justiça

Sub-PGR: Subprocurador-geral da República

TAC: Termo de Ajustamento de Conduta

TCU: Tribunal de Contas da União

TRE: Tribunal Regional Eleitoral

TRF: Tribunal Regional Federal

TSE: Tribunal Superior Eleitoral

USP: Universidade de São Paulo

Vice-PGR: Vice-procurador-geral da República

PREFÁCIO

O desenvolvimento de um campo de estudo depende de trabalhos que sejam capazes de incorporar os avanços obtidos pela trajetória anterior e incluir elementos novos que tornem as perguntas de pesquisa mais sofisticadas e as respostas mais certeiras quanto às explicações e suas consequências normativas. Em outras palavras, segue-se a máxima aqui de Isaac Newton: se vi mais longe, foi por estar sobre ombros de gigantes. Trazer esse ganho para uma literatura depende, ademais, de ângulo teórico novo e consistente, de investigação empírica original e da capacidade de trazer uma nova visão sobre o tema, inclusive sobre as questões últimas que alimentam os estudiosos – nas Ciências Sociais, isso significa necessariamente entrar no campo dos pressupostos normativos.

Resultado de sua Tese de Doutorado, o livro de Rafael Rodrigues Viegas cumpre todos os requisitos elencados acima de um trabalho que traz avanços efetivos a um campo de estudo. Trata-se, primeiramente, de uma análise calcada na trajetória institucionalista crítica que se construiu em torno das pesquisas sobre o Ministério Público brasileiro desde a década de 1990, e que ganhou um impulso maior recentemente com os textos sobre a Operação Lava Jato. Tais análises da Ciência Política ressaltaram que houve enormes ganhos democráticos com os novos instrumentos de *accountability* advindos da Constituição de 1988, mas que seria preciso ter cuidado com a autonomia dos controladores e seus efeitos negativos para a democracia, como no caso dos MPs e seus operadores. A presente obra reforça e sofistica essa ideia, dando-lhe mais elementos conceituais e empíricos.

Sem perder o sentido dessa trilha, Rafael inova analisando uma parte específica dessa institucionalidade, o Ministério Público Federal (MPF), abrindo sua "caixa-preta": sua vida organizacional interna, especialmente os modos de distribuição e luta de poder entre os pares. Mais do que isso, o trabalho mostra que a dinâmica organizacional estabelece parâmetros fundamentais do jogo institucional de "dentro para fora", isto é, define as ações e estratégias para o seu fortalecimento externo.

Com esse olhar conceitual diferente, mais ancorado no institucionalismo sociológico do que no institucionalismo predominante na Ciência Política brasileira, o livro retrata, com grande riqueza empírica e analítica, os caminhos da política dos Procuradores em torno de dois objetivos: as estratégias para ocupar os principais postos a cargo do Ministério Público Federal (dentro e fora da instituição) e as formas de organizar a ação coletiva em prol da instituição, por meio de uma simbiose, nem sempre republicana, entre a Associação Nacional de Procuradores da República (ANPR) e o MPF.

O trabalho de Rafael, ao fim e ao cabo, não só ampliou o repertório de evidências sobre a necessidade de se ter maior controle sobre os controladores para melhorar a democracia brasileira, como também mostrou que a lógica organizacional dos atores que lideram o MPF é a fonte dos principais males democráticos dessa instituição.

Essa nova linha de causalidade não ignora o fato de que o desenho institucional do Ministério Público, em suas linhas constitucionais e na legislação posterior, tem um enorme efeito sobre a forma de protagonismo que seus atores exercem, pela autonomia e largo raio de poder que obtiveram. Do mesmo modo, o livro leva em consideração igualmente a trajetória histórica recente e como ela molda a institucionalidade, especialmente as ações dos integrantes dos MPs junto ao sistema político, cujo maior exemplo, mas não único, foi a Lava Jato. Tal tipo de comportamento tem criado um *modus operandi* hegemônico da instituição que desequilibra o relacionamento entre controladores e controlados na democracia brasileira.

Dialeticamente, o trabalho de Rafael incorpora esses dois elementos e a eles agrega a explicação organizacional, que busca chegar as entranhas do Ministério Público, àquilo que diz respeito à forma como seus integrantes socializam-se, particularmente no que se refere à construção das regras formais e informais que definem o poder interno e a organização de suas ramificações externas. Seguindo esse raciocínio, por mais que por vezes pareça ser uma explicação rival, minha perspectiva é que o presente livro está mais próximo de um caminho que compatibiliza continuidade e transformação conceituais em um novo arranjo analítico.

O que ancora essa minha percepção são dois elementos. O primeiro diz respeito ao fato de haver uma complementariedade entre o modelo institucionalista e o de sociologia organizacional. Nas origens dos estudos desse campo, esteve a construção de uma linha de investigação sobre o Sistema de Justiça no então IDESP, em São Paulo, sob a coordenação de Maria Tereza Sadek, e em especial os textos seminais de Rogério Arantes. Mas depois, especialmente nos últimos dez anos, surgiram várias pesquisas sobre o tema, com uma lista extensa de excelentes pesquisadores que não citarei para não cometer injustiças. Em toda essa linha histórica de produção acadêmica, a ênfase analítica reside principalmente nos efeitos das regras e sua intersecção com a estratégias dos atores dos Ministérios Públicos (estaduais e federal).

Essa dimensão também está presente no modelo explicativo montado aqui por Rafael Viegas. Não seria possível destacar a relevância do jogo interno dessa burocracia se ela não tivesse uma enorme capacidade institucional de influenciar a dinâmica do sistema político e – para lembrar um assunto não muito destacado no presente trabalho – das políticas públicas. O capítulo referente à discussão sobre o processo de seleção e indicação dos Procuradores-Gerais da República é extremamente interessante por conta do papel desse ator na história recente do país, tendo sido decisivo, por exemplo, em processos de impeachment e no silêncio sobre crimes cometidos pelo presidente Bolsonaro.

O arcabouço institucional é essencial no entendimento dos Ministérios Públicos, porém insuficiente. Daí que a perspectiva que poderia ser chamada de "internalista", referente à dinâmica de socialização e vida organizacional dos pares, ser muito importante para entender as razões de suas preferências, bem como da criação de determinados mecanismos de legitimação interna e de construção de ação coletiva externa. Esse é o ponto mais rico e original da análise de Rafael, mas, insisto, ele é complementar ao modelo institucionalista.

A lógica de continuidade e transformação do campo de estudo está claramente presente neste livro porque a escolha pela ótica da sociologia organizacional é uma forma de ampliar o alcance do olhar sobre a construção do modelo de Ministério Público adotado pelo Brasil. Aqui, vale uma reminiscência pessoal. Conheci de fato Rafael dando-lhe uma disciplina sobre teorias da burocracia, no Doutorado em Administração Pública e Governo da FGV EAESP. Boa parte do curso concentrava-se na literatura sobre sociologia das organizações, em trabalhos clássicos como os de Robert Michels, Philip Selznick, Robert Merton e Michael

Crozier. Tais autores mostram a relevância central do poder formal e informal interno às organizações para, então, poder explicar como elas agem socialmente e frente à lógica política.

Se não me engano, disse à época, como em outras vezes que ministrei tal disciplina, que a Ciência Política brasileira, tão preocupada em analisar como certas instituições atuam no ambiente político, deveria olhar mais para a dinâmica organizacional interna para entender as escolhas estratégicas e por quais razões determinados tipos de comportamento e liderança predominavam.

Tenho certeza de que essa perspectiva da sociologia organizacional mudou a forma como Rafael via o seu objeto, que já conhecia por ter trabalhado num Ministério Público estadual, e ainda porque viera fazer o Doutorado ancorado principalmente no arcabouço conceitual da teoria das elites, aproveitando que fizera um excelente Mestrado no Programa de Ciência Política com os melhores estudiosos dessa teoria, o da UFPR.

Tal como não ignorou a relevância da perspectiva institucionalista da Ciência Política, Rafael também não abandonou a teoria das elites para fazer o presente trabalho, utilizando-a fortemente para entender que são os Procuradores da República como grupo. No entanto, a essas duas visões, ele agregou outra, usando a metáfora que eu indicara para ele já no final da disciplina: que a análise do Ministério Público Federal ficaria mais ampla e sistêmica se ele construísse sua Tese sob o tripé definido pelo velho antropólogo Bronislaw Malinowski. Isto é, toda organização ou sociedade pode ser entendida observando analiticamente o seu esqueleto, sua carne e sangue.

O esqueleto está, em boa medida, contido na visão mais institucionalista. Vale ressaltar que o presente livro tem também achados sobre o esqueleto do Ministério Público Federal, agregando aqui mais alguns tijolos ao edifício que vem sendo erguido por importantes pesquisa sobre os MPs. A carne diz respeito a quem são os atores, no caso federal, os procuradores, algo que fora igualmente explorado por estudos pretéritos, mas que ganha uma contribuição empírica muito grande aqui, com o estudo das biografias e carreiras dos Procuradores Gerais, bem como da própria Associação da categoria.

Mas, no meu entender, a grande contribuição do trabalho de Rafael é de desnudar, como até então não tinha sido feito, o sangue traduzido como processo organizacional do Ministério Público Federal. A lógica interna das alianças, nomeações, distribuição e luta pelo poder é uma questão-chave para entender como a autonomia institucional tem sido utilizada politicamente pelo MPF. A face oculta, como diz um dos capítulos do livro, vai além das regras institucionais mais amplas e das pessoas que foram selecionadas para trabalhar nesta instituição. O segredo maior só pode ser desvendado pela compreensão do caminho organizacional estruturado por normas e práticas informais internas que alimentam as estratégias individuais e coletivas dos procuradores federais.

Se o estudo da lógica organizacional complementa a trajetória anterior da pesquisa e lhe acrescenta uma dimensão que enriquece ainda mais a análise, o segundo elemento que faz a ponte entre continuidade e transformação é a preocupação com o tema da *accountability* democrática. Esta aparece na literatura basicamente como o estudo do papel do Ministério Público frente ao sistema político, ótica igualmente presente neste livro. A este olhar, inclui-se outro aqui: o da responsabilização dos procuradores federais vista pelo viés do controle da burocracia, seguindo a tradição weberiana de definir os burocratas como agentes que precisam de mecanismos de controle para não confundirem seus interesses com o interesse público.

O fato é que a autonomia e a discricionariedade dos integrantes do Ministério Público Federal nem sempre servem à República, mas, ao contrário, por muitas vezes se expressam, por meio da dinâmica interna de sua organização e sua expressão associativa, como uma forma patrimonialista de defender os interesses de seus membros em nome da defesa dos interesses difusos da sociedade. Para lembrar a metáfora de Marx sobre ideologia, essa câmara invertida resultante do *modus operandi* organizacional é uma das principais fontes dos déficits democráticos dos Ministérios Públicos em relação à democracia.

Estabelecer essa complementariedade entre o ângulo institucional com a visão de responsabilização da burocracia como organização é central para ampliarmos o raio de visão das análises sobre os Ministérios Públicos. O livro de Rafael faz essa ponte, o que já o torna uma obra de referência imperdível, colocando-a num patamar de gigante que deverá ser o ombro de novos estudos sobre o tema.

Obviamente que, como todo grande livro, novas perguntas saem de sua leitura, incluindo aqui temas que foram pouco abordados, tanto do ponto de vista do que explica o comportamento do Ministério Público Federal e seus integrantes, como em relação ao jogo de controles democráticos dentro do sistema político. Em qualquer uma dessas novas trilhas, no entanto, será necessário agregar a perspectiva da sociologia organizacional e a visão sistêmica derivada da combinação entre esqueleto, carne e sangue para compreender melhor os Ministérios Públicos do país. Eis aqui a chave que Rafael deixou para continuarmos decifrando e tentando melhorar essa importantíssima instituição da democracia brasileira.

FERNANDO LUIZ ABRUCIO

Doutor em Ciência Política pela USP, professor e pesquisador da FGV EAESP. Vencedor do Prêmio Moinho Santista de Melhor Jovem Cientista Político Brasileiro (2001) e colunista político do jornal Valor Econômico. Pesquisa temas como instituições políticas brasileiras, federalismo, gestão pública, teoria da burocracia e políticas públicas, como maior ênfase na questão educacional.

APRESENTAÇÃO

O maior lugar-comum da teoria social, desde Max Weber, é a afirmação de que a burocracia não é apenas um sistema impessoal de administração, mas uma máquina de dominação que age em nome de seus próprios interesses. Contudo, uma coisa é recitar essa verdade banal em uma classe de Sociologia; outra, completamente diferente, é demonstrar onde, como, quando, por que e por quem isso acontece. Esse é o maior mérito do livro de Rafael Viegas sobre o Ministério Público Federal brasileiro. O livro que o leitor tem em mãos é uma grande realização da sociologia política empírica dos últimos anos.

O cientista social alemão Max Weber (1964-1920) formulou a análise mais abrangente sobre a burocracia pública. A burocracia do Estado não é apenas central para o funcionamento das sociedades modernas civilizadas, mas é a aposta que um corpo de funcionários organizado, treinado e especializado irá decidir, *idealmente*, com base em princípios universalistas legalmente certificados. Isto é, sem arbitrariedades e favoritismos. Diante de formas de dominação tradicionais ou carismáticas, a dominação "racional-legal" é um desenvolvimento considerável como todos os estudantes de administração pública aprendem.

Mas Weber foi também um crítico agudo da burocratização do mundo moderno e da "entronização inquestionada da burocracia" como uma entidade puramente técnica, infalível e moralmente superior. Em 1909, Weber fez um discurso na *Verein für Sozialpolitik* (Associação para a Política Social) onde sublinhou que a racionalização dos procedimentos, na empresa privada e na organização pública, permitida pela burocracia, era um fato inconteste. E que o principal risco a partir daí seria vivermos em um mundo governado politicamente pelos funcionários de terceiro escalão, autômatos medíocres "agarrados aos seus insignificantes empregos", que se limitavam a "lutar por outros melhores" (cito a partir da compilação de J.P. Meyer, *Max Weber e a política alemã*). Weber põe então uma questão muito polêmica e que nos servirá para engatar na questão de fundo do livro de Viegas. O que mais favoreceria o poderio internacional e a grandeza cultural de uma nação? Os altos padrões "éticos" da burocracia alemã ou o pragmatismo político de países como os Estados Unidos, a Inglaterra ou a França? "Quem mais progrediu?", ele pergunta. "Nações democraticamente governadas, com funcionalismo parcialmente corrupto, tiveram muito mais sucesso do que nossa burocracia de altos valores morais". E prossegue: "Tomando em consideração o grau de poder das nações, pergunto: qual sistema – o de capitalismo privado, com um funcionalismo comercial muito mais exposto à corrupção, ou o sistema estatal administrado pelo funcionalismo público germânico altamente moralista, autoritário e glorificado – é mais eficiente?". A burocracia dos outros países, despidos das "vestes celestiais" da burocracia alemã, fez muito mais.

O caráter original e desmistificador do livro de Viegas é mostrar que a escolha entre uma burocracia pública supostamente incorruptível e uma política partidária essencialmente degradada não pode sequer ser proposta sem considerar que essa mesma burocracia é, ela mesma, uma espécie de "partido político" campeão dos seus interesses corporativos, privilégios de casta e vontade de poder.

Por meio de uma sociografia dos chefes que comandaram o Ministério Público Federal brasileiro entre 1989 e 2019, e da análise aguda da indicação do Procurador-Geral da República (e da influência da Associação Nacional dos Procuradores da República (ANPR) nesse processo), Viegas revela a existência de um ator chave da política brasileira nas últimas décadas: o "procurador político". Questiona a hipótese do voluntarismo político como explicação única para a liberdade de ação do MPF e enfatiza a necessidade de se entender o poder da organização e a sua capacidade de dominação sobre outros agentes a partir do papel dessas lideranças, os procuradores políticos. São eles que definem e dirigem os projetos políticos da instituição.

O programa de pesquisa rigoroso do autor toma cientificamente seu objeto: destaca a importância da análise em nível micro, acerca dos mecanismos de recrutamento, de socialização e de reprodução social dessa elite organizacional, para pensar problemas de nível macro, como o funcionamento do Estado e da democracia brasileira. Entre os mecanismos investigados, destacam-se as relações pessoais e de lealdade que definem quem ocupará posições politicamente relevantes e especializadas na estrutura pública e fora dela durante a carreira de procurador.

Tudo isso já seria bastante se não soubéssemos do contexto em que o drama se desenvolve: a operação Lava Jato contra a corrupção governamental, a ascensão da extrema-direita e o estilo personalista e salvacionista das lideranças do MPF. Tudo isso vem empacotado por um modelo institucional que favorece a autonomia e a discricionariedade contra o sistema político. As lideranças dos procuradores da ANPR interagem constantemente com lideranças político-partidárias, do Judiciário e da elite do funcionalismo do Estado, bem como com diferentes setores da sociedade civil organizada, sem tentar fazer parecer que fazem praticamente só isso o tempo todo. Dessa maneira, os "procuradores políticos profissionais" não só tentam controlar a administração do MPF, mas mantêm uma luta constante por mais espaços de ação e por privilégios para a categoria.

Em conclusão: antes de pensarmos na disjuntiva entre uma burocracia pública profissional, imparcial e imaculada, de um lado, e, de outro, agentes políticos, como os legisladores, que só se orientam por incentivos eleitorais perversos, Viegas dá um grande passo adiante mostrando que os "procuradores políticos profissionais" têm conseguido se apresentar como burocratas contra os políticos, quando são políticos contra a burocracia.

ADRIANO CODATO

Professor de Ciência Política da Universidade Federal do Paraná

Outono de 2023

INTRODUÇÃO

Esse livro é uma versão mais ampla da minha tese de doutorado em Administração Pública e Governo que defendi na FGV EAESP em junho de 2022. Na origem dessa tese encontra-se uma sociografia[1] exploratória que realizei dos PGRs, chefes do MPF que serviram de 1989 a 2019 (Viegas, 2019)[2], revelando que: *i)* todos eles foram designados pelos superiores antecessores para posições da cúpula ao longo da carreira no MPF; *ii)* a partir de 1993, ocuparam posições superiores da administração do MPF, e; *iii)* os escolhidos para a PGR com base na lista tríplice da ANPR atuaram nessa associação privada, que tem por objetivo oficial a defesa dos interesses corporativos dos integrantes do MPF[3].

Para cada um dos três dos achados, assinalados em "*i*", "*ii*" e "*iii*", dediquei um artigo autônomo que integra a tese, na forma de capítulos, nessa mesma ordem. Os capítulos contam com uma mesma estrutura interna, organizados em seções que sucedem a apresentação: a primeira seção trata dos aspectos teóricos do processo analítico; em seguida, o objeto é descrito e analisado; uma seção para discussão e; por fim, as considerações finais. Embora autônomos entre si, os capítulos se interligam: teoricamente, vinculados à tradição weberiana de estudos sobre burocracia e de elites organizacionais; empiricamente, em razão da pesquisa de origem.

---

1 A sociografia, ou prosopografia, é definida como "a investigação das características comuns de um grupo de atores na história por meio de um estudo coletivo de suas vidas. O método empregado constitui-se em estabelecer um universo a ser estudado e então investigar um conjunto de questões uniformes – a respeito de nascimento e morte, casamento e família, origens sociais e posição econômica herdada, lugar de residência, educação, tamanho e origem da riqueza pessoal, ocupação, religião, experiência em cargos e assim por diante. Os vários tipos de informações sobre os indivíduos no universo são então justapostos, combinados e examinados em busca de variáveis significativas. Eles são testados com o objetivo de encontrar tanto correlações internas quanto correlações com outras formas de comportamento ou ação" (Stone, 2011, p. 115).

2 No caso desta técnica aplicada aos PGRs, reuniram-se informações típicas de estudos de recrutamento para posições de mando da burocracia pública brasileira, como origem social e familiar, trajetória educacional e profissional, associativismo etc. (Loureiro, 1997; Olivieri, 2007; Oliveira, 2012; Codato et. al. 2016, Perissinotto et. al., 2017), com atenção às especificidades do sistema de justiça, como as diferentes formas de ingresso no Judiciário e MP (Marenco; Da Ros, 2008; Almeida, 2010; Mongelós, 2013; Fontainha; Santos; Oliveira, 2017). Os dados foram obtidos no CPDOC – FGV, nas atas do Senado Federal que contêm os currículos dos procuradores enviados para sabatina e nos endereços eletrônicos do MPF e da ANPR na internet.

3 Ao todo, oito PGRs foram nomeados de 1989 a 2019, sendo eles: Aristides Junqueira Alvarenga, Geraldo Brindeiro, Claudio Lemos Fonteles, Antonio Fernando Barros e Silva de Souza, Roberto Monteiro Gurgel Santos, Rodrigo Janot Monteiro de Barros, Raquel Elias Ferreira Dodge e Antônio Augusto Brandão de Aras.

Feitas essas considerações prévias, resgato aqui as justificativas para realização da sociografia dos PGRs porque elas ajudam a entender a formulação da pergunta de pesquisa que me orientou inicialmente: *houve variação nos perfis dos PGRs desde 1988?* (Viegas, 2019). Considerando os desdobramentos da prosopografia e a interligação dos capítulos a ela, esse resgate também serve para justificar a própria pergunta de pesquisa que a tese buscou responder no conjunto dos três capítulos.

Objetivamente falando, a falta de pesquisa empírica sobre a PGR e a sua composição foi a principal motivação para a realizar a prosopografia (Viegas, 2019). A lacuna se verificava tanto na literatura sobre controle democrático da burocracia de Estado como na que é referência específica sobre o MP brasileiro, pelos ângulos da Ciência Política e da Administração Pública. Detalhe é que os estudos mais destacados sobre MP brasileiro se inserem na discussão do controle democrático da burocracia, e isso possui implicações para o tipo de análise e discussão predominante que se fazem até hoje, o que será tratado nos três capítulos com mais profundidade.

Nessa introdução, vale dizer que uma das implicações desse tipo de abordagem predominante sobre o MP brasileiro é desenvolvimento de questões de pesquisa mais formalistas (matriz institucional) acerca desse objeto. Dito de outro modo, por essa tradição de estudos, a nomeação da chefia do MP se constitui em uma das principais formas de controle sobre a burocracia pública e dos seus integrantes (Sadek, 1997; Arantes, 2002; Kerche, 2009; Arantes et. al. 2010; Arantes & Moreira, 2019).

Todavia, como se preocupam mais com a discussão sobre *accountability*[4] (o controle sobre o MP e realizado pelo MP) e, ao mesmo tempo, sobre a mudança institucional (trajetória institucional do MP), encontram-se imersos nas questões teóricas colocadas pela vertente histórica do novo institucionalismo (Hall & Taylor, 1996). Não se trata de uma novidade teórica essa abordagem predominante sobre o MP brasileiro, pois possui lastro em conhecidos trabalhos internacionais e nacionais acerca do controle da administração pública (Gruber, 1986; Wood &

4 Mecanismos institucionalizados de controle, como o realizado, por exemplo, no formato de *checks and balances* (O'Donnell, 1998; Arantes, et. al., 2010).

Waterman, 1991; O'donnell, 1998; Mainwaring & Welna, 2003; Arantes et. al., 2010; Pelizzo & Stapenhurst, 2014)[5].

Ademais, também não se trata de um problema - no sentido negativo – a imersão nas questões afetas à mudança institucional, como os aspectos ligados à institucionalização e à trajetória institucional do MP. O problema – e, aqui, sim, do ponto de vista teórico e das estratégias de pesquisa – é que os estudos que são referência, e que partem desse tipo de abordagem, chegam a algumas conclusões e oferecem explicações para o funcionamento do MP com base principalmente na matriz institucional que define os contornos do controle sobre o MP e realizado pelo MP (Silva, 2001; Arantes, 2002; Kerche, 2009; Arantes et. al., 2010; Carvalho & Leitão, 2010; Avritzer & Marona, 2017; Moreira, 2019; Marona & Kerche, 2021). Uma das decorrências do tipo de análise predominante, e que será objeto de discussão nos três capítulos, é que mecanismos sutis que atuam sobre o MP e o comportamento dos seus integrantes, atrelados a aspectos organizacionais da elite dos procuradores, são ignorados tanto pela literatura que serve de referência como pelos estudos influenciados por ela.

No exterior, a situação das pesquisas sobre o equivalente ao MP brasileiro não é a mesma. As análises se preocupam com essas questões formais sobre controle, mas também com o "trânsito" de forças políticas, econômicas e sociais pelo contexto dessa burocracia (Langer & Sklansky, 2017; Wright, Levine & Gold, 2021), seja em relação aos atributos dos seus integrantes (origem social, trajetória profissional, associativismo etc.), seja em relação às diferentes formas de interação desses integrantes com setores organizados da sociedade. Cabe registrar que muito das preocupações presentes na literatura internacional e que dialogam com a questão do controle da administração pública se deve ao fato de que as estratégias de pesquisas preponderantes são interdisciplinares, utilizadas por pesquisadores(as) treinados(as) na Ciência Política, Administração Pública, Sociologia Organizacional, Criminologia e Direito.

Assim, ressalto nessa introdução justificativas de duas ordens para o estudo exploratório e que servem também para esta tese. Essas

5 De acordo com esses estudos sobre controle da burocracia pública, realizados no exterior e no Brasil, além da nomeação da chefia, as outras formas de controle comumente reportadas referem-se à organização da estrutura administrativa, ao orçamento, ao monitoramento e à legislação.

justificativas se resumem à necessidade: i) de realizar um estudo empírico sobre a PGR e composição dela, incluindo fatores organizacionais atrelados ao seu funcionamento concreto, e; ii) de oferecer outra perspectiva de abordagem que se some às já realizadas, desta vez fazendo uma Sociologia Política[6] do MP, e que permita discutir a incidência dos mecanismos, por assim dizer, sutis que afetam o seu funcionamento concreto dessa importante burocracia pública.

No que tange à primeira ordem de justificativa, empírica, a falta de estudos sobre a PGR e sua composição dificulta o entendimento de como funciona o MPF, burocracia responsável pelo controle da administração pública nos três níveis da federação (envolvendo interesses da União) e que exerce o monopólio da ação penal na esfera federal. Quanto à segunda, de ordem teórica, a falta de estratégias de análise que considerem variáveis societais dificulta ir além da discussão sobre o controle formal em si (realizado sobre o MP e pelo MP).

Como sustento nesta tese, mecanismos sutis operam em um contexto hierarquizado como o do MPF, do ponto de vista da estratificação organizacional. Ou seja, no contexto do MPF ocorre a incidência de mecanismos por meio dos quais as relações de poder se organizam nessa estrutura de dominação. Esses mecanismos são fatores ligados aos atributos de origem social dos procuradores da República, sua trajetória profissional, relações de parentesco, associativismo etc., como se discute nos três capítulos, e que, metaforicamente, são colocados aqui como fatores de "carne e sangue" que dão vida ao "esqueleto"[7].

A literatura de maior repercussão e especializada no MP brasileiro, que influencia as pesquisas sobre esse tema[8] considera mais o controle formal sobre o MP e realizado pelo MP em detrimento desses mecanismos mais sutis de "controle" que incidem no contexto dessa burocracia,

6 Como um conhecimento interdisciplinar que combina variáveis políticas e sociais e que se ocupa de analisar o comportamento político dos atores sociais (Sartori, 1972).

7 Em analogia à metáfora de "carne" e de "sangue" que dão vida ao "esqueleto" como algo da vida real e que atua em determinados contextos organizacionais hierarquizados (Malinowski, 1984). A compreensão sobre a força que os atributos de "carne" e de "sangue" exerce no contexto exige inserção do pesquisador nesse meio, já que os mecanismos mais sutis podem parecer "estranhos" aos pesquisadores que não conhecem a rotina forense e as diferentes formas de hierarquias que incidem nesse contexto organizacional do ramo jurídico da burocracia de Estado (Bourdieu, 1989; Engelmann, 2006; Almeida, 2010).

8 Embora essa afirmação não se baseie em evidências de um estudo bibliométrico, praticamente todos os trabalhos de relevo sobre o MP brasileiro, ou seja, presentes nos principais periódicos de Ciência Política e Administração Pública, citam esses estudos.

e com o MPF não é diferente (Sadek, 1997; Arantes, 2002; Kerche, 2009; Arantes *et. al.* 2010). Esse controle ressaltado pela literatura envolve formalmente o Executivo e Legislativo da União[9], mas ainda assim a discussão é estática, na maior parte das vezes presa às perspectivas do arranjo formal que define o desenho do MP brasileiro.

Em trabalhos mais recentes, reporta-se um novo componente que foi adicionado em 2001, sem que a CF/88 e os demais estatutos de leis tenham sido alterados (Arantes & Moreira, 2019; Marona & Kerche, 2021). A ANPR passou a "consultar" os procuradores da República e, com base no resultado dessa "consulta" interna, passou a formular lista tríplice com os nomes dos mais votados pela classe dos procuradores e sugeri-los ao presidente da República[10] - o que será melhor analisado e discutido no conjunto dos capítulos.

Contudo, é preciso adiantar para essa introdução que, mesmo diante desse cenário de sobreposição de regras formais por informais (acolhimento de uma lista não prevista como regra constitucional), os estudos que são referência reafirmam suas próprias conclusões acerca da autonomia do MPF e independência dos seus membros (matriz institucional), e desconsideram eventuais desdobramentos da ação de lideranças da ANPR na composição da PGR ("carne" e "sangue") e para o próprio funcionamento do MPF e da ANPR.

Basicamente, deduzem que, ao indicar um PGR "x" ou "y", mais próximo ou não do presidente da República, o efeito esperado será um determinado "rumo" para essa burocracia (Arantes, 2002; Kerche, 2009; Arantes & Moreira, 2019; Marona & Kerche, 2021), mas sempre destacando a autonomia dos procuradores. Entretanto, no processo de definição da indicação do PGR desde 1989, as escolhas do Executivo e as sabatinas no Senado se consumaram em ao menos duas conjunturas

---

9 A CF/88 definiu que a nomeação envolve o Executivo e o Legislativo da União (art. 128, § 1º, CF/88). Mas, como se discute nesta tese, os outros temas (por exemplo, o orçamento e o espaço formal de ação) também envolvem Executivo e Legislativo, sendo que os três capítulos/artigos mostram como a ação política das lideranças do MPF incide aí, não apenas como forma da resistência ao controle externo, mas, sobretudo, como prioridade, na luta política que travam dentro e fora da burocracia pública.

10 A lista foi acolhida pelos presidentes Luiz Inácio Lula da Silva (PT), Dilma Rousseff (PT) e Michel Temer (MDB), entre 2003 e 2017. Em 2019, o presidente Jair Bolsonaro (então no PSL, atualmente sem partido) retomou a forma de escolha que predominou durante os governos de José Sarney (MDB), Fernando Collor de Mello (PRN), Itamar Franco (MDB) e Fernando Henrique Cardoso (PDSB), ou seja, por livre escolha do presidente entre os integrantes da carreira do MPF (Viegas, 2019).

político-ideológicas distintas[11]. Durante os governos petistas, os presidentes Lula e Dilma indicaram os nomes que encabeçaram a lista da ANPR, um fator novo e não institucionalizado, e que o presidente da República não precisa seguir.

Como não havia sido realizada uma pesquisa que considerasse a mudança nesse quadro de forças, busquei na prosopografia saber se a variação nas conjunturas político-ideológicas, quanto ao governo, e a adoção de um critério informal, que prestigiou a classe dos procuradores (lista da ANPR), teria ou não produzido alguma diferença perceptível no perfil do chefe do MPF (Viegas, 2019). Verifiquei que esse quadro de forças não importou em uma variação significativa do perfil dos PGRs, ao menos, em termos de origem social, formação superior e questões de gênero.

A sociografia na verdade ratificou parte do que já sinalizavam estudos anteriores sobre o perfil de membros do MP no Brasil (Sadek, 1997; Lemgruber *et. al.*, 2016), nos quais as informações sobre essas variáveis se apresentam razoavelmente homogêneas, em que pese a redemocratização, a aprovação das leis orgânicas dos MPs no início dos anos 1990 e o intervalo de 20 anos entre esses estudos. Porém, alguns achados na sociografia exploratória que dá origem a esta tese chamaram atenção para os caminhos da política no MPF.

Encontrei evidências de um perfil de "procurador político"[12] atrelado a aspectos organizacionais próprios dessa burocracia de Estado, mas outros aspectos "estranhos" a esse contexto, em termos ideais, conforme os três achados ("*i*", "*ii*" e "*iii*"), especialmente a presença de lideranças da ANPR – uma associação privada – ocupando posições relevantes no MPF (Viegas, 2019).

Esses aspectos identificados no trabalho exploratório são pouco conhecidos e debatidos pela literatura. Alguns deles se mostram persistentes, já que atuantes no contexto do MPF desde antes da redemocratização e que, aparentemente, não foram afetados pelas mudanças nos

---

11 O sistema político nacional não prescinde da coalizão política (Abranches, 1988). Por esse prisma, as injunções partidárias que formaram a base governista no âmbito da União costumam ser alocadas pelos analistas políticos à direita ideológica, de 1988 até 2002 (Meneguello, 1998; Figueiredo & Limongi, 2001) e à esquerda, de 2003 a 2016 (Bolognesi & Codato, 2018), sendo que a partir de 2019 por um governo de extrema-direita.

12 A presença das aspas se deve ao fato de que o conceito de profissionalização política é específico. Não se busca o alargamento do conceito (Sartori, 1970). Tão somente, de acordo com os aspectos teóricos que são operacionalizados e na falta de expressão melhor, o seu uso será feito com esse cuidado teórico-metodológico.

estatutos jurídicos, entre os quais a própria CF/88 e a LC n. 75/93. Pelo contrário, a LC n. 75/93 parece que reforçou alguns desses aspectos, no que pode ser chamado de dinâmica política que confere governabilidade ao MPF desde antes de 1988.

Entre as evidências desse perfil de "procurador político", observaram-se: atributos ligados à trajetória "político-profissional" dos PGRs, iniciada na maior parte nos anos 1970 e 1980, marcada por passagens em posições específicas de confiança na cúpula do MPF, por longo período; ocupação de posições de confiança fora do MPF, mas que dependem da autorização das lideranças da organização (MPF) para se efetivarem; a maior parte desses aspectos, friso, a ocupação de posições de confiança dentro e fora do MPF, encontra-se intimamente ligada à ANPR.

No que tange às pesquisas realizadas, elas descrevem como o MP se constitui em uma importante burocracia estratégica para controle da administração e das políticas públicas (sem esgotar: Silva, 2001; Maciel, 2002; Sinhoretto, 2007; Carvalho & Leitão, 2010; Losekann, 2013; Silveira *et. al.*, 2020; Londero, 2021; Vasconcelos, 2021; Sampaio, 2022), e procuram explicar como essa "máquina" opera na realidade. Mais recentemente, os autores que são referência da abordagem predominante, salientam como os integrantes do MP apresentam desvios de conduta em relação aos estatutos jurídicos a que deveriam obediência, não raro reportando abusos e seguidas interferências na dinâmica política do país, a exemplo de operações policiais como a "Lava Jato" (Avritzer & Marona, 2017; Arantes & Moreira, 2019; Marona & Kerche, 2021).

Nesses estudos ainda persiste um vazio para aspectos organizacionais e societais que incidem no contexto do MPF, sem os quais não é possível compreender, de fato, como se dá o funcionamento dessa burocracia. Entre essas questões, principalmente, estão forças políticas e sociais que atuam no contexto do MPF, as quais incidem, por exemplo, na separação entre os "diletantes" e os "procuradores políticos profissionais".

Um dos trabalhos mais influentes e citados é a tese de Rogério Arantes (2002). Nessae, o autor aduz a problemática que permeia o processo de escolha do chefe da MP. Segundo Arantes: "a politização das atribuições de uma instituição que está obrigada a agir com neutralidade" (Arantes, 2002, p. 282). Destaca o que chama de paradoxo que envolve o status de agente político alcançado pelos integrantes do MP da CF/88 e a necessidade de agirem de modo neutro enquanto mandamento constitucional, mas passam a habitar o mundo da política. Nas palavras de Arantes, "encaixes específicos" explicariam o desenho do MP na CF/88 e a ação atual dos seus membros (Arantes, 2002; Arantes & Moreira, 2019). A respeito, a tese remonta a ação política dos membros do MP, por exemplo na Assembleia Nacional Constituinte, e o destaque recai sobre as consequências (os ditos "encaixes"), as quais preservaram o histórico papel de fiscal da lei e de monopólio da ação penal para o MP, e incluíram a defesa de direitos difusos e coletivos (Arantes, 2002).

De acordo com os fatores endógenos que são reportados pelo mesmo autor (Arantes, 2002; Arantes & Moreira, 2019), o MP combinaria baixa hierarquização entre a cúpula e seus integrantes, que compartilhariam da ideologia do "voluntarismo político" – e esse ponto é muito importante para entender como o autor explica o funcionamento do MP. Nessa concepção, o que cimenta as relações entre os membros do MP (hipótese do "voluntarismo político") funciona como elemento de coesão em um contexto com baixa hierarquização (Arantes & Moreira, 2019).

Ocorre que essa baixa hierarquização é deduzida, principalmente, do arranjo formal, ou seja, de variáveis institucionais, e não de forças políticas e sociais que atuam nessa burocracia pública. Embora mencione fatores endógenos do MP (Arantes, 2002), desconsidera a importância de variáveis societais e, especialmente, o "trânsito" dos procuradores, sem abandonar a carreira, para além do MP e do sistema de justiça - que afetam a carreira e a atuação prática dos procuradores da República, tanto os que chegam às posições de mando do MPF, seja a PGR, sejam as posições superiores da administração colegiadas, como CSMPF e CCRs e a Corregedoria, como os que permanecem titulares nas Procuradorias da República.

O PGR está legitimado pelos estatutos jurídicos a propor no STF ações diretas de inconstitucionalidade, representar pela intervenção federal nos Estados e no DF, além de propor ações penais públicas e cíveis. Mas, como a PGR está organizada para realizar essa atividade?

No STJ, o PGR pode representar pela federalização de casos de crimes contra os direitos humanos e ação penal. Tanto no STF como no

STJ e no TSE, o PGR atua contra a classe política nacional, incluindo o presidente da República, ministros de Estado e do TCU, deputados federais, senadores e governadores etc. Mas, o PGR atua diretamente ou delega a algum procurador para fazer em seu nome?

Como ocorre a delegação e qual a importância dela no contexto do MPF para sua governabilidade e para a "profissionalização política" dos seus membros? O que essa delegação, eventualmente, tem a ver não apenas com o contexto do MPF, ou seja, com a sua governabilidade, mas também com o funcionamento do sistema político?

Além do PGR, outras posições de cúpula do MPF são relevantes, como o CSMPF, as CCRs e a Corregedoria, e os seus integrantes atuam de diferentes formas nesse mesmo quadro de relações interinstitucionais do PGR. Quais as atribuições dessas posições e como estão preenchidas (perfil dos procuradores que as ocupam)?

Como explicar a atuação dos órgãos de controle interno, como o CSMPF, as CCRs e a Corregedoria do MPF, que punem, ou não, desvios e afetam a carreira dos seus integrantes (procuradores)? Além disso, como se conformou uma agenda anticorrupção, ou seja, o MPF voltando sua atuação para uma área específica, em detrimento de outras, como em políticas públicas sociais sensíveis para a sociedade brasileira?[13]

Em um ambiente de baixa hierarquização e "voluntarismo", não seria esperado que cada membro do MPF se comportasse como um MPF, devido à independência funcional? Como entender e explicar operações policiais que demandam estrutura, leia-se, destinação de recursos (físicos e humanos, além de conhecimento especializado), a exemplo da "Lava Jato", bem como o seu *timing* e *seletividade*[14]? Como se dá a divisão do trabalho no contexto do MPF?

Enfim, há uma série de perguntas que podem ser feitas, cujas respostas certamente não são simples, mas que dependem ainda de outras estratégias de análise que venham se somar às atuais para compreender o funcionamento dessa burocracia e, sobretudo, as questões de exercício poder e dominação por lideranças de "procuradores políticos".

---

13 Estudos indicam que essa agenda foi levada a efeito pelo MPF (Sampaio & Viegas, 2019; Kerche & Viegas, 2020; De Sa e Silva, 2020; Engelmann & Pilau, 2021; Londero, 2021).

14 Apontamentos sobre da "Lava Jato" presentes em diferentes pesquisas da Ciência Política (sem esgotar: Avritzer & Marona, 2017; Almeida, 2019; Marona & Kerche, 2021).

No que tange à hipótese do "voluntarismo político" (Arantes, 2002), devido a sua pretensão explicativa e disseminação[15], ela merece destaque nessa introdução. Sinteticamente, a hipótese foi elaborada combinando abordagens teóricas que envolvem: i) os eventos ou "encaixes" específicos que definem o MP no processo de redemocratização e pós CF/88, e; ii) a utilização de recursos heurísticos para realizar o que o autor chama de análise substancial, ou seja, identificar e compreender o sentido da ação dos membros do MP (Arantes, 2002; Arantes; Moreira, 2019).

Em termos metodológicos, a hipótese foi formulada com a utilização de *surveys* e entrevistas com membros do MP, que possibilitaram captar a ideologia do "voluntarismo político", que teria sido decisiva no processo de institucionalização do MP desde a redemocratização. Esse "voluntarismo" moveu os membros do MP no *lobby* que realizaram na Assembleia Nacional Constituinte, enquanto elemento de coesão que os uniu em torno de um "projeto institucional" (Arantes, 2002). O interessante é que também os "anima" (move-os) em investigações, ações civis e criminais atualmente, abarcando até a chamada judicialização da política (Arantes, 2007; Arantes, 2019).

De acordo com a hipótese, o "voluntarismo político" dos membros do MP se assentaria em três premissas: *i)* procuradores e promotores enxergariam criticamente a sociedade civil com pouca capacidade de mobilização; *ii)* para procuradores e promotores, os Poderes de Estado não estariam em condições de efetivar direitos fundamentais para essa mesma sociedade, e; *iii)* ainda conforme procuradores e promotores, caberia então ao MP funcionar como elo entre o Estado e a sociedade, tutelando direitos dessa mesma sociedade fraca e hipossuficiente perante o Estado inoperante, cujas instituições não raro se encontram corrompidas por interesses particulares (Arantes, 2002; Arantes & Moreira, 2019).

Não vem ao caso discutir profundamente os aspectos metodológicos e as três premissas da referida hipótese. Todavia, verificam-se problemas na sua formulação. Elementos dessa hipótese aparecem na literatura jurídica que trata do MP e da defesa de direitos coletivos, boa parte produzida por promotores de justiça, em especial do MP do

15 Quanto à disseminação, embora essa afirmação não se baseie em evidências de um estudo bibliométrico, a hipótese do "voluntarismo político" aparece recorrentemente citada nos estudos sobre o sistema de justiça brasileiro em trabalhos da Ciência Política, Administração Pública e Direito.

Estado de São Paulo, ou seja, constituindo argumentos que são dos próprios membros dessa burocracia (Grinover, 2000; Mazzilli, 2003; Zavascki, 2009; Garcia, 2017; Viegas *et. al.*, 2022).

Dito de outro modo, antes de a Ciência Política e a Administração Pública se interessarem pelo MP, antes do próprio MP ter a atual configuração da CF/88, a literatura jurídica sobre a defesa de direitos coletivos já trazia os elementos que integram essa hipótese.

As premissas da hipótese encontram-se entre os fundamentos jurídicos da "escola paulista de processo" quanto à legitimidade processual para a defesa de direitos, o que não vem ao caso discutir. Essa "escola", seguindo os passos do jurista Enrico Tullio Liebman, influenciou o "campo do direito" no Brasil, como bem analisa Almeida (2010). Nesse sentido, a hipótese se confunde com a autopercepção dos indivíduos e, em especial, os integrantes do MP paulista, o que se extrai da própria tese onde estão os comentários sobre o *survey* e as entrevistas com membros do MP (Arantes, 2002).

Quanto à autopercepção, os estudos de elites judiciais aduzem a importância de conhecer a origem social, a trajetória educacional e profissional de promotores de justiça, a fim de conhecer as suas crenças e visões de mundo (Bonelli, 2002; Engelmann, 2006; Perissinotto, Medeiros & Wowk, 2008; Almeida, 2010; Wright, Levine & Gold, 2021). Esses mesmos estudos sugerem que se deve estar atento para como elites judiciais se justificam e buscam se legitimar perante os pares, outras instituições e a sociedade, como fazem os membros do MPF.

Não se deve descartar, de fato, que aquilo que se apresenta como premissa da hipótese do "voluntarismo político" constitua traços de uma visão de mundo compartilhada por indivíduos que integram o topo da burocracia de Estado, recrutados em um estrato social bastante próximo, tendo passado pela graduação em Direito em escolas tradicionais. Também, não se pode afastar, *a priori*, que aquelas premissas façam parte de uma estratégia de ação de uma elite organizacional, algo deliberado pelo grupo acerca de como se comportar em público na luta corporativa para legitimar escolhas e ações desse grupo. Para entrevistas com elites políticas, burocráticas e intelectuais, pesquisadores são treinados para lidar com essas questões e com a possibilidade de essas elites tentarem controlar a entrevista, por isso os métodos precisam ser ajustados, não raro em cada entrevista (Dexter, 1970; Harvey, 2011).

Ademais, outro problema, e talvez o principal deles, é conceber o "voluntarismo político" como elemento que confere coesão e que, ao mesmo tempo, engendra as condutas dos membros do MP, o que parece que confunde algo essencial do ponto de vista da produção do conhecimento científico e sociológico. A hipótese do "voluntarismo político" se torna um axioma, sem ser possível refutá-la (Kuhn, 1998), na medida em que é perfeitamente plausível que algum tipo de "voluntarismo político" se manifeste em uma organização social. Ainda com mais razão na burocracia de Estado, nos ramos militar ou jurídico, cuja neutralidade o próprio Max Weber assinalava há mais de um século que não deveria ser presumida (Weber, 2003a, 2003b). No caso brasileiro, a trajetória desses ramos da burocracia é marcada por interferências de seus integrantes na governabilidade e no funcionamento do Estado, como são as cúpulas hierárquicas das Forças Armadas e juristas integrantes de Tribunais da Justiça e de Contas.

Além disso, pelas mesmas razões acima ventiladas quanto à literatura jurídica, é provável que as premissas dessa hipótese se encontrem presentes na visão de mundo de integrantes de outras burocracias jurídicas do Estado[16]. Logo, como é provável que se encontre em toda parte e não pode ser considerado um elemento explicativo para a ação dos integrantes do MP, mas para diferentes ramos da burocracia pública do Estado, como elemento de coesão e algo que engendra condutas, precisa ser mais um elemento a ser levado em conta na análise, e o não principal deles, e muito menos reproduzido como ideia fixa como fazem diversos estudos sobre o sistema de justiça brasileiro.

Do ponto de vista sociológico, a coesão de um grupo pode se dar por diferentes razões, conforme vasta produção de pesquisa sobre o assunto (Aron, 2000, Ritzer & Smart, 2001). Nesse ponto, os estudos de elites, desde os clássicos (Mosca, 1992; Michels, 1984; Mills, 1956; Czudnowski, 1975; Putnam, 1976)[17], ressaltam a importância da socialização

16 Burocracias que estão autorizadas a realizar a defesa de direitos, como a Defensoria Pública, a AGU e as Procuradorias de Estados e municípios (Viegas et. al., 2022).

17 Sobre a socialização em teorias das elites, conferir também a produção acadêmica nacional que toma essas teorias como objeto de estudo (Perissinotto, 2009; Perissinotto & Codato, 2015).

para a coesão do grupo, que ocorre na família, na universidade, nos clubes, no associativismo, na vida profissional etc. O que se quer dizer com isso é o seguinte: a socialização dos integrantes do MP não começa e não termina no contexto do MP.

De acordo com estudos de elites organizacionais (Scott, 2008; Zald & Lounsbury, 2010; Reed, 2012), uma combinação de fatores pode trazer coesão a grupos que atuam no contexto de organizações, entre as quais o ramo jurídico da burocracia de Estado (organização formal). Antecipo, por exemplo, a coesão em torno da defesa dos interesses corporativos e de privilégios, como no caso de duas férias por ano, pagamentos de atrasados na forma de indenização etc. Ainda conforme esses mesmos estudos de elites organizacionais, não se pode descartar a disputa pelo poder no contexto da organização objeto de estudo (intra-elite organizacional) e que a coesão interna (contexto da organização) se sujeita à força de fatores que decorrem das disputas por poder que não raro rompem o contexto organizacional (extra-elite organizacional), ou seja, de fatores que atuam de dentro para fora, mas também de fora para dentro.

Por fim, considerando a trajetória do federalismo brasileiro (Abrucio, 1998), o MPF e os MPs dos Estados não estão organizados da mesma forma e diferem as estruturas de poder que incidem nessas organizações (Viegas *et. al.*, 2022)[18]. Ou seja, ainda que possa ser encontrado algum tipo de "voluntarismo" adaptado a cada um dos contextos de uma federação como a brasileira, esta é marcada pela desigualdade e a diversidade na capacidade institucional de controle entre União e Estados. Faltam estudos nesse sentido, que contemplem diferentes estruturas de poder incidindo sobre as burocracias públicas. Por isso, a hipótese do "voluntarismo" precisa ser objeto de pesquisas empíricas, e não generalizada como elemento explicativo para todos os MPs da União e dos Estados.

Retomando, o trabalho exploratório que está na origem desta tese que defendi revelou informações sobre a mudança nos aspectos organizacionais no MPF, tais como na estratificação social que se referem aos atributos dos PGRs (recursos sociais, econômicos, políticos etc.) e à composição da administração superior (CSMPF, CCRs e Corregedoria)

18 A prosopografia exploratória identificou relações de parentesco de todos os PGRs indicados desde 1989 com elites políticas e jurídicas (Viegas, 2019), o que sinaliza para a força da estrutura social nesse contexto ainda pouco conhecida e discutida pela literatura sobre o MP.

por mais de quatro décadas. A partir desse estudo, formulei questões em cada um dos três capítulos, abarcando: recursos (sociais, políticos, econômicos etc.) que possivelmente são valorizados para acesso a posições de mando no contexto do MPF; a estrutura e a disputa pelo poder por grupos organizados no seu interior ao longo do tempo, e; a questão central, acerca de como aspectos organizacionais atrelam-se à ação política das lideranças dos "procuradores políticos" dentro e fora do MPF.

Os caminhos percorridos pelos procuradores importam, em tese, para saber como chegaram a posições de topo, como decidem e se organizam em torno de projetos políticos. Tendo em vista essa premissa aqui assumida e os achados da pesquisa exploratória, uma questão atravessa os três capítulos, ou seja, configura-se a própria pergunta de pesquisa que a tese busca responder: *quais são os principais caminhos da política no MPF e o que eles têm a ver com o funcionamento concreto dessa organização pública?*

Sustento que os caminhos da política que cruzam o MPF não podem ser confundidos com: *i)* as variáveis institucionais, que delimitariam os comportamentos dos procuradores nesse espaço, e; *ii)* com "voluntarismo", enquanto elemento modelador das intenções e concepções dos integrantes do MPF. Sendo assim, procuro fazer uma Sociologia Política da *organização* MPF. Essa *organização* não se confunde nem com a matriz institucional e nem com a ação individual dos procuradores, como se problematiza e se discute nos próximos capítulos.

Do ponto de vista teórico, no primeiro capítulo o contexto do MPF é pensando como espaço de ação regido por regras formais e informais (Michels, 1982; Merton, 1968; Selznick, 1953; Crozier, 1974), marcado pelo conflito e a disputa pelo poder. Como o aspecto da governabilidade do MPF relativo às designações reflete uma tensão entre autoridade formal e poder social, enquanto o seu funcionamento pode não coincidir com o interesse público, as perspectivas para a democracia e o Estado de direito são preocupantes, assim como as já traçadas em estudos sobre o MP.

No segundo capítulo, discuto problemas que são colocados pela literatura de elites organizacionais (Zald & Lounsbury, 2010; Reed, 2012), afetos ao poder de uma estrutura de dominação como o MPF e daqueles que buscam controlá-la, ressaltando a face oculta desse poder (Bachrach & Baratz, 1962, 1963). Os mecanismos institucionais que são instrumentalizados pelas lideranças do MPF na sua luta por poder político aparecem relacionados à reprodução de uma elite organizacional: a elite dos "procuradores políticos". O resultado dessa luta deve ser entendido como expressão do poder institucionalizado, que as lideranças convertem em poder político, cuja face oculta é uma de suas características mais marcantes.

No terceiro e último, analiso a ação política das diretorias da ANPR desde a fundação da associação em 1973. A ANPR é vista como organização privada voltada para a institucionalização, mas, também, para a mudança institucional (Ahrne & Brunsson, 2011). Esse é um dos principais caminhos da política que atravessa o MPF e são notáveis a estabilidade dessa organização privada e como suas lideranças, sem abandonar a carreira de procurador, exploram "brechas" institucionais para fazer política a partir da estrutura pública. Configura-se uma confusão "sui generis" entre uma estrutura de dominação burocrática (MPF) e uma organização privada (ANPR) voltada para os projetos de poder dos "procuradores políticos profissionais".

Do ponto de vista empírico e das fontes dessa pesquisa, nos dois primeiros capítulos o banco de dados – sobre a carreira dos oito PGRs que ocuparam o cargo desde 1988, e sobre a composição do CSMPF, das CCRs e Corregedoria – é pensado como registro da ação realizada pelos procuradores. No terceiro capítulo, além de documentos como anais de eventos e atas do Senado, os relatórios de prestações de contas anuais das diretorias da ANPR são tomados como registro da ação realizada por suas lideranças durante o período de mais de quatro décadas. Ao final desse livro, em uma seção separada, apresento um balanço geral do esforço teórico e analítico empreendido nos três capítulos e conclusões.

CAPÍTULO I

Governabilidade e Designações no Contexto do MPF

1.1 Apresentação

Pelo ângulo das Ciências Sociais, desde os primeiros estudos de maior repercussão sobre o MP da CF/88, fala-se muito em autonomia e discricionariedade (Sadek, 1997; Arantes, 1999, 2002; Bonelli, 2002; Kerche, 2007, 2009), ao ponto de se afirmar que a CF/88 o teria transformado em uma espécie de quarto Poder (Arantes *et. al.* 2010; Kerche, 2018a). Em virtude disso, esses mesmos estudos chamam atenção para os riscos que essa autonomia e discricionariedade podem representar para o Estado de direito e a democracia.

Pesquisadores especializados no tema destacam que um dos problemas do MP da CF/88 seria o contexto organizacional pouco hierarquizado entre os superiores e os demais integrantes e o fato da coesão interna se orientar pela preservação das próprias prerrogativas e garantias, entre as quais a independência funcional (Arantes, 2002; Kerche, 2007, 2009). Assim, à primeira vista o destaque levava à impressão de que cada integrante do MP poderia se apresentar como um MP.

No começo, os analistas estavam preocupados com a capacidade de o MP mobilizar com autonomia um até então desconhecido espaço formal de ação conferido a seus integrantes para realizar a chamada defesa de direitos difusos coletivos (Silva, 2001; Arantes, 2002; Kerche, 2009). Mais recentemente, as pesquisas passaram a se dedicar às interseções entre o mundo político e o da organização, avançando em relação à escassez ou falta de instrumentos de *accountability* sobre o MP (Avritzer & Marona, 2017; Kerche, 2018b).

A nova agenda de pesquisa se deve à mudança dos padrões de atuação dos integrantes da organização pública no combate à corrupção iniciada nos anos 2000 (Arantes, 2011, 2014), a exemplo do que se viu na operação "Lava Jato". Essa mudança no *modus operandi* convergiu com o fato de os membros do MP terem assumido um papel de protagonismo no cenário público como nunca visto pela burocracia não eleita (Kerche & Marona, 2018), o que também é apontado como uma interferência direta dos seus integrantes na dinâmica política e democrática do Brasil (Arantes & Moreira, 2019).

Contudo, ao tratar do funcionamento da organização, os autores que são referência no assunto, mesmo em trabalhos mais recentes, insistem nas suas próprias conclusões acerca da autonomia do MP e discricionariedade dos seus integrantes. O que se verifica é que os estudos se assentam no arranjo formal definido na CF/88, porém lhes é comum o fato de que não se atêm à estrutura e à organização dessa burocracia detidamente, e, o mais importante, ignoram um amplo espaço informal de ação que também constitui essa estrutura burocrática. Em sendo assim, não consideram fatores que afetam as prerrogativas e as garantias conferidas aos integrantes do MP pelos estatutos jurídicos e que estão atrelados ao seu funcionamento concreto.

Visando suprir essa lacuna, o foco deste capítulo está no MPF, na sua estrutura e organização burocrática, mais precisamente no papel de um mecanismo que formaliza a escolha de seus integrantes para posições politicamente relevantes na sua estrutura: as designações.

Conquanto o MPF esteja previsto na CF/88, coube à LC n. 75/93 definir a estrutura e a organização dessa burocracia, prevendo os órgãos da administração superior, estabelecendo a hierarquia e a coordenação entre as unidades, tratando da carreira, enfim, os contornos de uma organização burocrática típica de Estado, sujeita ao controle hierárquico administrativo. Essa mesma lei previu as designações dos superiores como a principal forma de compor posições por todo o MPF com seus integrantes.

Evidente que as designações não são exclusividade do MPF, pois estão previstas para a composição de cargos e funções de confiança na burocracia pública em geral[1]. A peculiaridade, no caso do MPF, como se procurará demonstrar, é que: as designações formalizam escolhas pelos superiores de integrantes dessa burocracia para posições politicamente relevantes em toda a sua estrutura; essas escolhas formalizadas pelas designações são atos discricionários por excelência; como isso se reproduz por todo o MPF, inclusive nas posições em que se encontram os superiores, possui relação direta com o atendimento dos objetivos formais dessa burocracia descritos na CF/88 e nos demais estatutos de leis.

Não bastasse, resoluções e portarias da cúpula do MPF criam órgãos na sua estrutura e definem que a composição das novas unidades seja por designados – e esse é um elemento fundamental para se entender a governabilidade do MPF e o seu funcionamento, especialmente a criação e o desenvolvimento de uma operação como a "Lava Jato".

Ademais, o MP está longe de se configurar um ambiente apolítico ou neutro. O alto nível de politização dos seus integrantes é destacado por diferentes autores (Arantes, 2007; Kerche, 2018a, 2018b; Avritzer & Marona, 2017). Corrobora com esse quadro de politização a disputa interna para nomeação do PGR desde

1 Cargo em comissão ou de confiança é acessado por livre nomeação e exoneração (demissível ad nutum). Já a função de confiança é de livre designação e dispensa (não há posse), pois quem a ocupa já integra a carreira. Cargos ou funções de confiança se destinam às atribuições de direção, chefia e assessoramento. Vide: art. 37, V, da CF/88. Neste estudo, a essência das posições do MPF descritas e analisadas é política. Não confundir com os critérios de nomeação, que podem ser: técnicos (competências) ou políticos (confiança), que podem ser complementares (Loureiro & Abrucio, 1998).

2001 através da lista tríplice da ANPR[2]. Nesse sentido, existem duas expectativas que se levam em conta na análise: *i)* a de que o espaço de ação desses burocratas seja ampliado pela discrição dos superiores, e; *ii)* a de que o contexto do MP seja um espaço de constante disputa pelo poder.

Feitas essas considerações, a problemática que esse capítulo abarca envolve as seguintes questões: *i)* as designações, embora previstas nos estatutos jurídicos, efetivam-se em espaços de ação regidos por regras não formais; *ii)* os fatores relacionados ao comportamento dos integrantes do MPF estão concatenados à lógica dessas designações, uma vez que são levadas a efeito pelos superiores de posições do MPF onde elas também operam e, portanto, de onde partem controle e incentivos direcionados para os integrantes dessa burocracia; *iii)* assim, os integrantes do MPF têm capacidade de instrumentalizar politicamente a discricionariedade conferida a eles pelos estatutos jurídicos em espaços de ação não regidos por esses mesmos estatutos; *iv)* esse é um cenário potencialmente preocupante, assim como delineado nos estudos já realizados sobre o MP, isso porque há indícios de que a lógica das designações está relacionada a uma espécie de "profissionalização política" dos integrantes do MPF; *v)* o quadro se agrava, e essa questão da "profissionalização política" fica mais nítida, com a presença marcante de integrantes do MPF que atuam na ANPR lotados em posições superiores do MPF, como apontou a sociografia anteriormente realizada; *vi)* a respeito da ANPR, o problema vai além da "profissionalização política", pois a proximidade de integrantes diretamente ligados à defesa de interesses privados (ANPR) dos fatores relacionados ao comportamento dos integrantes do MPF pode gerar confusão no espaço público – próprio da burocracia de Estado – com o mundo privado da associação.

2 Os seus integrantes trazem a público os contornos políticos da disputa interna pela PGR. A disputa envolve debates por todo o território nacional e razoável cobertura pela mídia tradicional. Conferir uma nota da ANPR. Disponível em: https://www.anpr.org.br/imprensa/releases/18180-nota-publica-sobre-a-escolha-do--a--procurador-a--geral-da-republica. Acesso em 20 ago. 2019. Outras notas da ANPR e matérias jornalísticas sobre essa disputa estão disponíveis no mesmo endereço eletrônico.

Colocados os problemas nesses termos, a hipótese que orienta este estudo é a de que *o aspecto da governabilidade do MPF relativo às designações reflete uma tensão constante entre autoridade formal e poder social no contexto dessa burocracia pública, enquanto o seu funcionamento, tal como se apresentam todos esses fatores, nem sempre coincidirá com o interesse público.*

Em relação a essa problemática, a discussão teórica remete à teoria clássica da burocracia e ao tipo ideal de dominação racional-legal, própria do Estado moderno, e a sua não efetivação voltada para o interesse público. Da produção acadêmica que se vincula a essa discussão, importa a parte que explicita o contexto burocrático como um espaço de ação regido por regras formais e informais, mas cuja principal característica desse contexto seja o conflito entre indivíduos e grupos em disputa pelo poder. A respeito disso, pela tradição elitista, a contribuição pioneira e ainda atual é a de Robert Michels (1982). Destacam-se, também, três outros autores: Robert Merton (1968), Philip Selznick (1953) e Michel Crozier (1974). Como se buscará evidenciar, os quatro apontam para a tensão entre autoridade formal e poder social no contexto burocrático. Ao final, para eles essa mesma tensão é regulada por mecanismos que conferem estabilidade à organização, mas que, ao mesmo tempo, fazem com que o interesse público não se realize.

Neste estudo, os elementos organizacionais do MPF são descritos em termos de características do esquema estrutural (Hall, 1984), e pensados como espaços de ação adaptados ao contexto dessa burocracia. A distinção entre os aspectos formais e informais tem apenas serventia analítica (Blau & Scott, 1979, p. 19). Demarca os espaços de ação no contexto do MPF e por conseguinte sinaliza para a socialização dos seus integrantes (Schein, 2004). A socialização é responsável, entre outras coisas, por um tipo de aprendizagem (treinamento) exigida para posições especializadas, mas também pelos cálculos e estratégias postos em defesa das próprias posições e privilégios, pela lealdade, em suma, por elementos centrais para a estabilidade organizacional, conforme se retém de Michels (1982), Merton (1968), Selznick (1953) e Crozier (1974).

Entre as principais contribuições, avança-se em relação à capacidade que integrantes do MP brasileiro têm de instrumentalizar politicamente a ampla discricionariedade conferida a eles pelos estatutos jurídicos em espaços de ação não regidos por esses mesmos estatutos. Além disso, mostra-se que, para compreender não apenas a *governabilidade*, mas o funcionamento concreto do MP, não se pode considerar somente as prerrogativas formais dos integrantes que são titulares nas suas unidades de atuação, e que podem melhor resistir às *tentações* de uma carreira política nessa burocracia e fora dela. Ante as evidências de um processo de "profissionalização política" de integrantes do MPF que deriva das lógicas das designações e da atuação na ANPR, lançam-se as bases do que se procura denominar "procuradores políticos profissionais". Por último, sugere-se uma outra perspectiva de abordagem do MP, afeta ao patrimonialismo.

O capítulo está organizado da seguinte maneira: a apresentação é seguida por uma seção sobre os aspectos teóricos do processo analítico; o objeto é então analisado, as implicações discutidas e algumas conclusões são indicadas ao final.

1.2 Autoridade formal e poder social no contexto burocrático

Uma análise que abarque a tensão entre autoridade formal e poder social no contexto de uma burocracia pública exige pensar esse espaço de ação regido por regras formais e informais, marcado pelo conflito e a disputa pelo poder. Essa problemática remete à teoria clássica da burocracia e ao tipo ideal weberiano de dominação racional-legal e a sua não efetivação voltada para o interesse público.

Em termos da instrumentalidade que a análise sobre o poder nas organizações apresenta por essa perspectiva, estudar a administração pública requer atenção para três fatores intimamente relacionados, sintetizados da seguinte forma:

> a) como se organiza, isto é, como são distribuídos os poderes de mando e obediência, tanto entre os dirigentes e seu pessoal administrativo quanto entre o conjunto dirigentes-quadro administrativo, de um lado, e os dominados em geral, de outro; b) que tipos específicos de tensões e lutas pelo poder uma determinada administração engendra; e, finalmente, o mais importante e influente deles, c) em que princípios últimos repousa a validez das relações de autoridade – a legitimidade (Campante, 2003, p. 156).

Na taxonomia de Max Weber sobre tipos de dominação, o tipo puro de dominação racional-legal é a burocrática, que prevalece no Estado moderno ocidental[3]. Cumpre-se a realização – isto é essencial para o conceito weberiano de Estado moderno – da *separação* entre o quadro administrativo e os meios materiais da organização. Logo, o funcionário típico-ideal no Estado moderno não conduz o seu cargo para representar interesses específicos e não voltados para o interesse público (Weber, 1975, 2003). Em contraste, "a falta de um direito formal [...] e a sua substituição por princípios materiais [...] na administração e na conciliação de litígios é também comum a todas as formas de dominação tradicional" (Weber, 2003, p. 135).

São duas as espécies ou subtipos de dominação tradicional: patrimonial, por oposição à feudal. Nas relações do quadro administrativo no tipo de dominação patrimonial, a seleção dos funcionários se dá por dependência pessoal do senhor, a administração não é autônoma e "os meios materiais de administração são aplicados em nome do senhor e para o senhor" (Weber, 2003,

3 Segundo o autor, há três tipos puros de dominação legítima: tradicional, em que se obedece à pessoa indicada pela tradição ou pelo senhor tradicionalmente determinado por fidelidade ou lealdade; carismática, baseada na veneração extra cotidiana das qualidades de um líder herói, guerreiro, grande demagogo, e; racional ou legal, por decorrência da legalidade, crença na validade dos estatutos legais, como exercem os servidores públicos (Weber, 1975, 2003).

p. 132). Assim, o que caracteriza o patrimonialismo, segundo Max Weber, é a arbitrariedade e a falta de estabilidade, em oposição à estrutural feudal, em que os súditos estão mais vinculados à tradição do que ao arbítrio do senhor.

Na visão de Weber, o patrimonialismo tenderia a desaparecer com o avanço da modernidade. Isso ocorreria devido à exigência crescente de formas de organização estáveis, entre elas a burocracia moderna, que se destaca por dois aspectos que tornam seu caráter inescapável para as sociedades capitalistas, mais definitivo do que os outros tipos puros de dominação: a especialização e o treinamento racionais (Weber, 1975, 2003).

Contudo, ao longo do século XX, desenvolveu-se vasta produção acadêmica sobre a não realização do modelo administrativo burocrático típico-ideal weberiano pela perspectiva do interesse públicoe sobre uma realização *diferenciada* desse interesse, como se observa em alguns intérpretes do Brasil[4].

Está em Michels (1982) o pioneirismo de uma teoria das organizações que contempla como é distribuído o poder no contexto organizacional e como os tipos específicos de tensões e lutas pelo poder são engendrados no seu interior. Michels (1982) assinala que a formação de minorias dominantes (oligarquias) no interior das organizações formais é um processo inexorável. Trata-se de um processo de oligarquização que decorre da expansão crescente das organizações burocráticas e da exigência cada vez maior por especialização de funções no seu interior, o que leva à profissionalização política[5], e essa é uma categorial central para o tipo de análise que se busca desenvolver neste capítulo e será retomada algumas vezes.

---

4 No caso do Estado brasileiro, a presença de traços do exercício do poder tradicional levaria, entre outras coisas, à ineficiência administrativa e às bases do seu autoritarismo (Holanda, 1995; Nunes, 1997; Faoro, 2012; Schwartzman, 2007; Avritzer, 2019).

5 Conforme Leach (2005) e Perissinotto (2009), que comentam a tese de Michels (1982), a especialização de funções é consequência inevitável de qualquer organização hierárquica mais ou menos extensa. A superioridade intelectual dos chefes e a dependência cada vez maior deles decorreriam das posições que eles ocupam no interior da organização. São essas posições que lhes possibilitam um treinamento profissional diferenciado em relação ao restante do quadro administrativo.

Por seu turno, em que pese seja reconhecida a tese de Michels (1982) como a "Lei de Ferro das Oligarquias", dada a sua consistência e dificuldade de refutação, não passa ilesa pelo crivo de autores que também se dedicam às questões de poder e conflito no interior das organizações. Leach (2005) lembra de algumas críticas que se dirigem a esse processo de profissionalização, sendo a principal delas a tendência dos burocratas, em certas circunstâncias, de abandonar objetivos formais em favor de interesses que garantam a manutenção organizacional, em sentido oposto ao do processo de oligarquização. A autora se refere a Merton (1968) e a Selznick (1953), mas poderia incluir Crozier (1974).

Entrementes, a tese de Michels (1982) não sugere que o processo de oligarquização seja um objetivo formal das organizações, pelo contrário. Na verdade, observa-se que as regras informais que definem a oligarquização desenvolvem-se nos espaços criados ou paralelos às regras formais, conformando uma única estrutura concreta. Esse mesmo olhar sobre a coexistência de regras formais e informais nas organizações é encontrado em Merton (1968), Selznick (1953) e Crozier (1974), e que os fazem concluir no sentido da não realização do interesse público, assim como Michels (1982), quando o espaço informal se sobrepõe ao formal.

Em Merton (1968), o estrito cumprimento das regras formais tende a transformar a burocracia em um fim em si mesma. Como consequência da ênfase na rigidez do comportamento, necessária para a eficiência da burocracia, surge uma organização informal – *disfunção* – que busca defender os interesses mútuos dos seus integrantes em detrimento dos interesses do público para o qual o serviço é prestado.

O interesse de Merton (1968) está no controle dos superiores sobre os subordinados, mas se acrescenta, aqui, que esses interesses dos burocratas podem fazê-los resistir ao controle externo. Nesse sentido, a *accountability* horizontal, feita por mecanismos institucionalizados de controle e de fiscalização e realizada no formato de *checks and balances*, é fundamental no processo de controle externo, porquanto uma teoria normativa da democracia exige que os controladores – como no caso dos integrantes do MP – também devem ser controlados pelos representantes eleitos pelo povo governado (O'Donnell, 1998).

Assim, a importância dessa discussão sobre controle está neste capítulo por dois motivos principais: primeiro, o profissionalismo weberiano não resolve por completo o processo de prestação de contas e de atenção ao interesse público, mesmo porque Weber sabia que a burocracia não é completamente neutra (Weber, 1993; Abrucio & Loureiro, 2018), e; segundo, nada disso afasta a perspectiva assumida nesta análise do MPF, pelo contrário, reafirma-la, dado que o controle externo é potencialmente capaz de afetar os interesses das lideranças dos procuradores da república e dos demais integrantes da organização.

Pensando Merton (1968) com Michels (1982), o controle interno partindo dos superiores da organização pode visar não apenas à obtenção de eficiência, mas também a preservação dos interesses dos líderes. Ainda, como resposta ao controle externo, se se falar em *accountability* horizontal (O'Donnell, 1998), não apenas em relação aos líderes haverá resistência ao controle e abandono dos objetivos formais da organização, mas existirá a tendência também de que todos os indivíduos sujeitos ao controle ajam da mesma forma, gerando uma *disfunção*, ou seja, ainda que isso ocorra em detrimento do interesse público.

Por sua vez, o que caracteriza uma organização para Selznick (1948, 1953) é a tentativa constante de integração de interesses de subgrupos às diretrizes oficiais. De acordo com o autor, a burocracia é um ambiente conflituoso e lugar de busca ininterrupta por legitimação de interesses dos burocratas. As regras formais derivam dos estatutos legais, regulamentos, instruções normativas, enquanto as informais surgem das relações pessoais no interior da burocracia.

Nessa estrutura concreta, a delegação de autoridade é o ato organizacional primordial que, entretanto, não necessariamente coincide com os objetivos formais da organização (Selznick, 1948). Do estudo sobre a TVA, uma agência regional dos EUA, Selznick (1953) verificou um quadro de ordenação sistemática de posições e funções por designações a partir da especialização funcional[6] – e essa é outra categoria central para o tipo de análise que se faz neste capítulo.

Ao contrário do que o modelo racional-legal weberiano sugere, Selznick (1953) demonstra como regras formais que preveem a delegação de autoridade se transformaram em instrumento de manipulação calculada para a cooptação[7]. Ou seja, a delegação produz a cooptação, definida pelo autor como uma forma de absorver novos integrantes na estrutura de liderança ou de determinação política de uma organização para que participem das decisões (Selznick, 1953, p. 13)[8].

Por último, e não menos importante, Crozier (1974) também considera que há uma dualidade de estrutura de poder em uma mesma organização. Mas, para o sociólogo francês a estrutura formal é o espaço da racionalização legal, dos estatutos e da normatização formal, que organiza e coordena as ações, enquanto a estrutura informal é o espaço caracterizado pela anomia e ou ausência de regras formais sobre determinado modo de ação ("zonas de incertezas") – em outras palavras, o campo da discricionariedade.

---

6 Nesse ponto, inegável a proximidade com o processo de oligarquização presente na tese de Michels (1982).

7 A delegação por designações é um mecanismo de cooperação, compartilhamento de poder, acionado como resposta a pressões específicas. Acaba por "institucionalizar" regras informais decorrentes do conflito e da disputa entre interesses divergentes no interior da organização, transformando-as – a informalidade – em um aspecto estrutural persistente (Selznick, 1948, 1953).

8 No limite, é plausível que a resistência ao controle interno ou externo pode não apenas configurar um quadro de ineficiência devido à defesa de interesses individuais ou comuns aos burocratas – uma disfunção – mas configurar um cenário de disputa entre a cúpula e a base, o que gera risco à estabilidade e à existência da organização. Nesse quadro, um dos mecanismos que estabilizaria o conflito é a cooptação.

Em Crozier (1974), assim como em Merton (1968), os burocratas quando ameaçados acabam se ancorando em estratégias de autoproteção. Contudo, para Crozier (1974) os conflitos em uma organização são regulados pela "interdependência dos privilégios", já que quem desafiar o grupo colocará em risco os seus próprios privilégios[9]. No âmbito da discricionariedade, enquanto espaço de ação capaz de ser instrumentalizado para a maximização de privilégios, reside outra categoria central para a análise das designações no âmbito do MPF.

Em suma, a divisão social do trabalho no interior de uma organização formal e hierarquizada – como se pensa aqui o MPF – está presente na tese de Michels (1982) e relaciona-se a um processo de profissionalização que tem na sua origem a correlação entre especialização funcional e posições ocupadas pelos burocratas. Isso também se faz presente em Selznick (1953) e Crozier (1974). A cooptação é um processo calculado e atrelado ao compartilhamento de poder no interior da burocracia. Entretanto, a delegação atende às diretrizes da cúpula, e é provável que assim o seja, uma vez que essas diretrizes estão mais próximas do exercício da autoridade formal[10]. Já a ação estratégica que se orienta pelos privilégios não se realiza no vácuo organizacional, mas em posições formais que exigem cada vez mais especialização e que são objeto de constante disputa pelos integrantes da organização.

As críticas direcionadas a Merton (1968), Selznick (1953) e Crozier (1974) localizam-se na exacerbação do modelo analítico construído por eles em detrimento da realidade, além disso a leitura que os três fizeram de Weber seria fora da história (Motta, 1979; Tragtenberg, 2006). Caberiam outras observações, direcionando-as a Michels (1982) inclusive. Para adeptos da *rational*

9 Ressalta-se importância do cálculo estratégico dos burocratas na análise de Crozier (1974). Como não existe um único modo de realizar as coisas definidas nos estatutos, o autor indica que se deve estudar a estratégia dos indivíduos e dos grupos, pois parcela considerável de poder reside na incerteza (estrutura informal).

10 No mesmo sentido: Schwartzman (2007, p. 110).

choice, os burocratas têm diferentes disposições psicológicas, e é preciso considerar que diferentes tipos de funcionários reagem de maneira diferente às mesmas regras e incentivos (Downs, 1994). Ademais, supõe-se que os burocratas não agem coletivamente na defesa dos próprios interesses conforme a lógica da ação individual (Olson, 1999). Essas considerações são válidas, mas podem ser bem absorvidas, pois o componente estratégico está em Michels (1982), ainda que mais nítido em Merton (1968), Selznick (1953) e Crozier (1974).

A par dessas observações e das diferenças de abordagem entre os autores em discussão, o que se ressalta é que há pontos de sintonia entre eles. Para Michels (1982), os líderes de uma organização são capazes de lançar mão de estratégias antidemocráticas, e até mesmo avessas ao interesse público, a fim de se perpetuarem no poder. Isso significa que podem se valer de mecanismos que conferem estabilidade à organização, o que em Merton (1968), Selznick (1953) e Crozier (1974) são os mecanismos relacionados à não consecução do interesse público.

No sentido proposto por Mintzberg (1983), em um dado momento, conforme ocasiões situacionais para a organização, um mecanismo poderá ser privilegiado pelas lideranças em detrimento de outro, podendo ser substituído ao longo do tempo. Assim, é possível pensar as categorias que conformam um processo de oligarquização relacionada à "profissionalização política" em consonância com resistência ao controle, cooptação e interdependência de privilégios. Essas mesmas categorias são pensadas aqui como mecanismos voltados para a *governabilidade* interna do MPF e a manutenção da organização. Ao mesmo tempo, podem estar diretamente relacionadas a não realização do interesse público pelos procuradores da república.

1.3 Estrutura e organização do MPF[11]

O MPF é uma organização complexa e extensa com características típicas do ramo jurídico da burocracia pública. Conforma mais de uma centena de órgãos e departamentos organizados pelos princípios da hierarquia e da estabilidade funcional, interligados por temas (p. ex.: recursos humanos, financeiro, logístico, transporte) e áreas de atuação (cível e criminal). A sua administração superior cabe à PGR e aos seguintes órgãos: Colégio de Procuradores, CSMPF, CCRs e Corregedoria-Geral.

Quanto à atuação, o artigo 129 da CF/88 e a LC n. 75/93 explicitam o MPF como responsável pelo controle externo da administração pública federal. Os seus integrantes atuam na esfera cível e criminal da Justiça Federal em causas de interesse federal perante o STF, TSE, STJ, TRFs, TREs, juízes federais e juízes eleitorais. O que precisa estar claro para compreender o papel das designações no MPF são a composição e as atribuições da PGR, do CSMPF, das CCRs e da Corregedoria. Essas são as posições da cúpula diretiva, de onde partem controle e incentivos para os integrantes do MPF.

Ressalta-se que para a composição dessas posições superiores as designações também se fazem presentes[12]. Ademais, as atribuições formais das posições superiores do MPF proporcionam aos seus integrantes experiência (conhecimento e habilidade) em assuntos que afetam não só a administração dessa burocracia, mas também o Executivo e o Legislativo federais, o STF, o STJ e o TSE. Do mesmo modo, tanto em relação à composição como em relação às atribuições, outras posições na estrutura do MPF são

---

11 O autor teve negado pedido de acesso à informação formulado ao MPF sobre as designações. Desse modo, o rol dos cargos passíveis de designação é apresentado com base na LC n. 75/93, Regimento Interno do MPF, portarias e regulamentos do MPF disponíveis na internet. A LC n. 75/93 estrutura o MPU em MPF, MPT, MPM e MP do DF (ver, também, art. 128, I, CF/88). Esta seção é dedicada ao MPF. A apresentação tem por base a LC n. 75/93 e o RIMPF – Portaria PGR/MPF n. 357 de 2015, vigente em 2020, assinada pelo PGR Rodrigo Janot.

12 Há posições no MPF que exigem requisitos formais, como: idade mínima e pertencer ao último nível da carreira, o vitaliciamento, a chancela do CSMPF. Ver artigos 56, 67 e 76 da LC n. 75/93. Contudo, esses requisitos visam apenas delimitar a discricionariedade em alguns casos, mas não a eliminam.

igualmente relevantes na medida em que se desce na estrutura dessa burocracia, que mantém paralelismo com a organização do sistema de justiça (STJ, TRFs, TREs, juízes federais e eleitorais). É importante reter quais são as atribuições das posições formais na estrutura do MPF para compreender o que significa ocupá-las, em termos de disputa por espaço de ação e de exercício de poder pelos procuradores.

O "Organograma 1", a seguir, representa as principais posições da estrutura burocrática e hierárquica do MPF.

Figura 1. Organograma estrutura do MPF

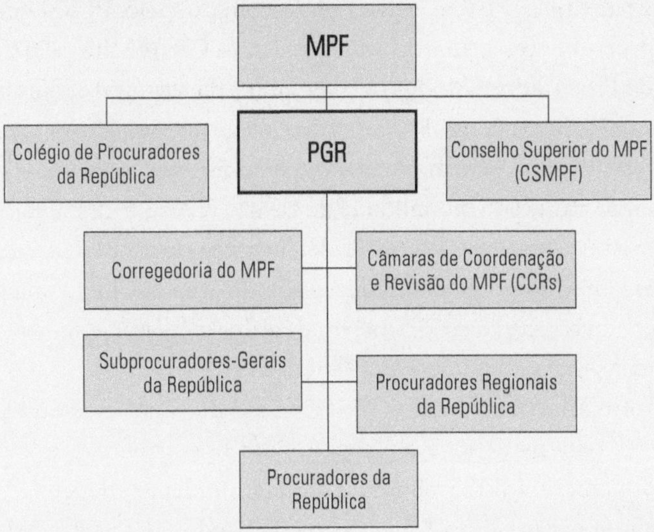

Elaborado pelo autor. Fonte: MPF

A PGR possui a seguinte estrutura administrativa: Gabinete do PGR; Gabinete do Vice-PGR; Gabinete do Vice-PGR Eleitoral; Gabinetes dos sub-PGRs, das Secretarias Executivas do Conselho Superior, da Corregedoria, da Ouvidoria[13], da PFDC e das CCRs; e Secretaria-Geral do MPF. A Secretaria-Geral é central para as atividades de administração e gestão do MPF. É dirigida pelo Secretário-Geral,

13 A Portaria n. 519/2012 do MPF criou a Ouvidoria, que tem a função de ombudsman nessa estrutura.

designado pelo PGR dentre integrantes da carreira do MPF. A estrutura da Secretaria-Geral é composta por mais de 260 unidades burocráticas, entre secretarias e departamentos a ela subordinados[14], cujas chefias são designadas pelo Secretário-Geral[15].

O Colégio é integrado por todos os membros do MPF em atividade. Entre as principais funções, opina sobre assuntos gerais de interesse do MPF e é responsável pela elaboração das listas sêxtuplas com os nomes dos membros que irão compor a lista do quinto constitucional para acesso ao STJ e dos TRFs[16].

Ao lado da PGR, o CSMPF é o órgão mais importante nessa estrutura burocrática. O CSMPF possui composição política e é integrado pelo PGR e vice-PGR (escolhido pelo PGR), quatro subprocuradores-gerais da república (sub-PGRs) eleitos pelo Colégio de Procuradores (todos os integrantes da carreira) e mais quatro sub-PGRs eleitos pelos pares do Colégio de Sub-PGRs (último nível da carreira). Os mandatos são de dois anos, permitida uma reeleição para cada modalidade de eleição (Colégio ou pares).

Assim como a PGR, o CSMPF detém poder de decisão sobre controles e incentivos que atuam na esfera de ação dos integrantes do MPF, o que repercute no contexto dessa organização e até mesmo fora dele – e é muito importante entender o que isso quer dizer.

Entre as atribuições do CSMPF[17], cabe-lhe a indicação de integrantes para as CCRs e a elaboração da lista tríplice para corregedor-geral do MPF. Trata-se de um recrutamento endógeno para a própria cúpula (CSMPF, CCRs e Corregedoria) autorizado pela legislação. O CSMPF é responsável ainda pelo concurso público que recruta novos agentes para a carreira do MPF, pela distribuição de inquéritos e o encerramento de investigações por todo o país.

---

14 Anexo V – Estrutura Administrativa da Secretaria-Geral do MPF – do RIMPF.

15 Artigos 49 a 51 e 101 do RIMPF. Entre os órgãos passíveis de designações dos seus integrantes estão Subcomitês temáticos criados pelo PGR. Ver artigo 76, RIMPF.

16 Sobre os contornos políticos das nomeações pelo quinto constitucional, ver Mongelós (2013).

17 Outras importantes atribuições são: determinar correições e sindicâncias; definir os critérios para distribuição de serviço entre procuradores; aprovar a proposta orçamentária do MPF; aprovar o próprio regimento interno, do Colégio de Procuradores e os das CCRs; deliberar sobre o recrutamento da carreira do MPF, designando os integrantes da comissão de concurso, bem como tratar da homologação dos resultados.

Salienta-se que uma das principais atribuições do CSMPF é realizar a movimentação dos procuradores na carreira. Isso não necessariamente condiz com a movimentação pela estrutura administrativo-política do MPF, no sentido da ocupação de cargos ou funções de confiança por designação. A promoção de um nível da carreira para o outro (sub-PGR, procurador regional e procurador da república) se faz pelos critérios de antiguidade ou merecimento, alternadamente. A antiguidade é um critério objetivo.

No que tange ao merecimento, na tentativa de reduzir a discricionariedade, o artigo 200 da LC n. 75/93 diz que será apurado por "critérios de ordem objetiva, fixados em regulamento" do CSMPF. Trata-se da Res. n. 101 de 2009 do CSMPF. Porém, de acordo com essa resolução, existem quatro parâmetros sobre o merecimento que o CSMPF deve observar[18], entre os quais se destaca para efeitos desta análise: "o exercício de cargos, funções e atividades consideradas relevantes" (art. 2º, III, e § 1º, Res. n. 101 – CSMPF).

Quais são esses cargos, funções ou atividades relevantes para a carreira? A Resolução n. 101/2009 – CSMPF não traz a resposta, e sendo essa norma do CSMPF, conclui-se que o próprio CSMPF define em cada caso concreto de promoção por merecimento. Ademais, em relação à carreira, cabe ao CSMPF autorizar a designação feita pelo PGR de procuradores do MPF para exercício de atribuições processuais específicas, a exemplo de como funciona nos GAECOS e na "Lava Jato", adiante tratados.

No aspecto do controle, compete ao CSMPF a escolha de um sub-PGR para investigar e processar o PGR pela prática de crime comum e a escolha da comissão de processo administrativo contra integrante do MPF. Devido à importância dessa atribuição, esses dois pontos serão retomados especificamente na discussão ao final deste capítulo.

18 Os parâmetros são: "I – a eficiência, a produtividade, a presteza e a dedicação no desempenho de suas funções; II – a permanência na sede de seu ofício e a assiduidade; III – o exercício de cargos, funções e atividades consideradas relevantes; IV – freqüência e aproveitamento em cursos oficiais ou reconhecidos de aperfeiçoamento". Ver Res. n. 101/2009 – CSMPF, disponível no endereço eletrônico do MPF.

As CCRs são órgãos colegiados de composição política, com atribuições sobre a esfera de controle e incentivos direcionados aos integrantes do MPF. A diferença delas para o CSMPF refere-se à composição e às atribuições. As CCRs são integradas por três membros do MPF, preferencialmente entre os sub-PGRs (último nível da carreira), sendo um indicado pelo PGR e dois pelo CSMPF, para mandato de dois anos.

A composição das CCRs, assim, é realizada por designações. Atualmente, as CCRs são sete e estão organizadas por matéria (direitos sociais e atos administrativos; criminal; consumidor; meio ambiente e patrimônio cultural; corrupção; controle externo da atividade policial, e; sistema prisional). As principais atribuições delas são: chancelar o fim das investigações no inquérito civil e procedimentos correlatos, ou designar outro integrante do MPF para fazê-lo[19]; pronunciar-se sobre o desfecho de inquérito policial e inquérito parlamentar; orientar os integrantes na atuação prática; resolver a distribuição especial de inquéritos; decidir sobre os conflitos de atribuições entre os procuradores do MPF em todo o país.

Por sua vez, o corregedor-geral é escolhido pelo PGR dentre os sub-PGRs que integram uma lista tríplice elaborada pelo CSMPF, para exercício de mandato de dois anos, renovável uma vez. Embora se reduza a discricionariedade, com a obediência a uma lista, novamente se observa a escolha por designação, assim como nas CCRs, lembrando que o PGR preside o CSMPF e controla parte das suas nomeações (Vice-PGR), também por designação.

O corregedor-geral pode ser destituído pelo CSMPF antes do término do mandato a pedido do PGR. Participa, sem direito a voto, das reuniões do CSMPF, realiza, de ofício, ou por determinação do PGR ou do CSMPF, correições e sindicâncias. Portanto, a sua esfera de atribuição está mais voltada para o controle sobre

19 Sem se estender no assunto, que será objeto de discussão no próximo capítulo, o desfecho das investigações são como "não decisões" ou retenção intencional de informações (Bachrach & Baratz, 1962), pois ocorrem quando os integrantes do MPF optam, p. ex., por arquivar um caso ao invés de ajuizar ações. O arquivamento não recebe controle externo, apenas a chancela dos superiores, por isso, a depender do caso concreto, poderá ser considerado um uso ilegítimo de poder informal, mesmo que realizado por aquele investido como autoridade formal.

os integrantes do MPF. Fiscaliza internamente as atividades funcionais e a conduta dos burocratas. Pode instaurar investigação e propor ao CSMPF processo administrativo contra os integrantes do MPF, bem como a exoneração de procuradores que não cumpram as condições do estágio probatório[20].

A carreira do MPF está organizada em três níveis. Os sub-PGRs integram o último nível e são designados pelo PGR para oficiar junto à cúpula do Judiciário (STF, STJ e TSE) e nas CCRs. Atuam por delegação do PGR. Cabe somente aos sub-PGRs o exercício das funções dos cargos de vice-PGR, vice-PGR Eleitoral, conselheiro do CSMPF, corregedor-geral e procurador federal dos direitos do cidadão. Os procuradores regionais encontram-se no nível intermediário da carreira. São designados pelo PGR para oficiar junto aos TRFs e TREs e são lotados nas Procuradorias Regionais da República dos Estados. Podem ser designados para compor as CCRs. Por fim, os procuradores da república integram o primeiro nível da carreira do MPF. Compõem o maior número de integrantes dessa burocracia – algo em torno de 1.200. São lotados nos ofícios das Procuradorias da República nos Estados e no DF e designados pelo PGR para oficiar junto aos juízes federais, TRFs e TREs.

Cabe dizer, ainda, que, no âmbito do MPF, os GAECOS e os grupos como a "Lava Jato"[21] não aparecem na LC n. 75/93 e no RIMPF. No caso dos GAECOS, foram criados pela Res. n. 146 de 2013 do CSMPF durante a gestão do PGR Roberto Gurgel. Menciona-se apenas que a sua função é identificar, prevenir e reprimir o crime organizado, para tanto contarão com procuradores da república com atribuição criminal designados pelo PGR. Os integrantes dos GAECOS designados (escolhidos para formar o grupo) poderão atuar com os procuradores da república naturais, ou seja, os titulares das procuradorias com atribuição naquela matéria[22].

---

20 O processo administrativo por infrações disciplinares contra os agentes tramita no CSMPF. Ver: artigos 63 a 65 da LC n. 75/93.

21 Rodrigues (2019) trata da estrutura e da composição da "Lava Jato" no âmbito do Judiciário.

22 É possível que essa mesma lógica opere no âmbito dos MPs dos Estados, na composição dos seus GAECOS e setores como os CAOPs, estes responsáveis pela coordenação na área de atuação, como terceiro setor, saúde, educação, meio ambiente, habitação e urbanismo etc.

Tabela 1. Síntese das principais designações dos procuradores na estrutura do MPF

	Posição ou função ocupada por designação e/ou delegação	Esfera predominante de atuação (interna / externa)
Sub-PGR	Vice-PGR	Interna e externa - substituição do PGR em seus impedimentos
	Vice-PGR Eleitoral	Interna e externa – órgãos da administração e TSE
	CSMPF	Interna – administração superior
	Procurador Fed. dos Direitos do Cidadão	Externa – órgãos jurisdicionais
	PGR (gabinete)	Externa – STJ, por delegação no STF e no TSE
	CCR (preferencialmente)	Interna – administração superior
	Órgãos, comissões técnicas ou científicas	Interna e externa –MPF tenha cadeira, ou seja, convidado a compor
	Assegurar a continuidade do serviço	Interna e externa – órgãos da administração e/ou jurisdicionais
	Investigação e ação penal contra o PGR	Interna e externa - órgãos da administração e/ou STF
	Corregedor-geral	Interna - administração superior
	Assessoria da PGR	Interna e externa – apuração de crime - integrante do MPU
	Secretaria Geral do MPF	Interna - administração
	GAECO/Operações	Externa - órgãos policiais e jurisdicionais
	Ouvidoria do MPF	Interna e externa – administração e canal direto com o cidadão
Procurador Regional da República	PGR (gabinete)	Interna e externa – administração superior e TSE
	CCR (preferência para Sub-PGRs)	Interna – administração superior
	Procurador Reg. dos Direitos do Cidadão	Interna e externa – órgãos jurisdicionais
	Procuradoria Regional da República	Interna e Externa – administração e TRF
	Chefe da Procuradoria Regional	Interna – administração
	Órgãos, comissões técnicas ou científicas	Interna e externa –MPF tenha cadeira, ou seja, convidado a compor
	Assegurar a continuidade do serviço	Interna e externa – órgãos da administração e/ou jurisdicionais
	Assessoria da PGR	Interna e externa –apuração de crime - integrante do MPU
	Procurador Regional Eleitoral	Interna e externa – TRE
	Secretaria Geral do MPF	Interna – administração
	GAECO/Operações	Externa - órgãos policiais e jurisdicionais
	Ouvidoria do MPF	Interna e externa – administração e canal direto com o cidadão
Procurador da República	PGR (gabinete)	Interna e externa – administração superior e TSE
	Chefe dos procuradores da república	Interna – administrativa
	Órgãos, comissões técnicas ou científicas	Interna e externa – MPF tenha cadeira, ou seja, convidado a compor
	Assegurar a continuidade do serviço	Interna e externa – órgãos da administração e/ou jurisdicionais
	Procuradoria da República	Interna e externa – juízes federais e TREs
	Procurador Regional Eleitoral	Interna e externa - TRE
	Assessoria da PGR	Interna e externa – apuração de crime - integrante do MPU
	Secretaria Geral do MPF	Interna – administração
	GAECO/Operações	Externa - órgãos policiais e jurisdicionais
	Ouvidoria do MPF	Interna e externa – administração e canal direto com o cidadão

Elaborada pelo autor. Fontes: LC n. 75/93 e RIMPF.

Regras formais*
LC 75/93, art. 18, p. único; RIMPF, art. 12, § 1º LC 75/93, arts. 73, p. único, e 74; RIMPF, art. 12, § 1º LC 75/93, art. 18, p. único, art. 54, I LC 75/93, art. 40, RIMPF, art. 18 LC 75/93, arts. 47, 66, § 1º, e 74, p. único; RIMPF, arts. 5º, IV, e 12, § 2º LC 75/93, art. 49, IV, e art. 60; RIMPF, art. 6o, IV, art. 29 LC 75/93, arts. 49, XV, a - b, e 57, XI; RIMPF, art. 6o, XV, a - b LC 75/93, art. 49, XV, c; RIMPF, art. 6o, XV, c LC 75/93, arts. 51 e 57, X; RIMPF, art. 24, X LC 75/93, art. 64; RIMPF, art. 36 LC 75/93, art. 18, p. único RIMPF, arts. 6o, XXIII, e 49 Res. n. 146/2013 - CSMPF Portaria PGR-MPF n. 519/12, art. 7o
LC 75/93, art. 74, p. único; RIMPF, arts. 5º, IV, e 12, § 2º LC 75/93, art. 60; RIMPF, art. 6o, IV, art. 29 LC 75/93, arts. 41 e 49, III; RIMPF, art. 20 LC 75/93, art. 68 LC 75/93, art. 49, VII, a; RIMPF, arts. 6º, VII, a, e 55 LC 75/93, arts. 49, XV, a - b, e 57, XI; RIMPF, art. 6o, XV, a - b LC 75/93, art. 49, XV, c; RIMPF, art. 6o, XV, c LC 75/93, art. 18, p. único LC 75/93, art. 75, I; RIMPF, art. 12, I, art. 14 RIMPF, arts. 6o, XXIII, e 49 Res. n. 146/2013 - CSMPF Portaria PGR-MPF n. 519/12, art. 7o
LC 75/93, art. 74, p. único; RIMPF, arts. 5º, IV, e 12, § 2º LC 75/93, art. 49, VII, a; RIMPF, art. 6º, VII, a, art. 55 LC 75/93, art. 49, XV, a - b, art. 57, XI, RIMPF, art. 6o, XV, a - b LC 75/93, art. 49, XV, c; RIMPF, art. 6o, XV, c LC 75/93, art. 70 LC 75/93, art. 76; RIMPF, art. 12, I LC 75/93, art. 18, p. único RIMPF, arts. 6o, XXIII, e 49 Res. n. 146/2013 - CSMPF Portaria PGR-MPF n. 519/12, art. 7o

*As regras formais indicadas fazem menção expressa a essas designações.

No caso da "Lava Jato", foi criada pelas Portarias n. 216 e n. 217 de abril de 2014, do PGR Rodrigo Janot, que designou os primeiros integrantes. Foram eles: os procuradores regionais Januário Paludo, lotado na 4ª Região (Região Sul do país), Carlos Fernando dos Santos Lima e Orlando Martello Junior, lotados na 3ª Região (São Paulo), os procuradores da república Deltan M. Dallagnol, lotado em Curitiba, Paraná, Andrey Borges de Mendonça, lotado em São Paulo, e Diogo Castor de Mattos, lotado em Jacarezinho, Paraná[23]. Este último contava com apenas um ano e dois meses de experiência como integrante do MPF na data de sua nomeação para a "Lava Jato".

Em síntese, existem órgãos com atribuições administrativas predominantemente internas cruciais para o atendimento dos seus objetivos formais, que são preenchidos por designações, por exemplo o CSMPF, as CCRs e a Corregedoria. Ademais, existem órgãos da administração do MPF que possuem a mesma composição de órgãos de execução, cujas atribuições, tanto internas quanto externas, são cruciais para o atendimento dos seus objetivos formais, sendo igualmente preenchidos por designações, como são os casos da assessoria da PGR, com atuação no STF, STJ e TSE, e das Procuradorias Regionais, com atuação nos TREs. Por último, alguns setores com atribuição predominantemente externa, criados por ato normativo dos superiores, funcionam basicamente com designados, a exemplo dos GAECOS e de grupos como a "Lava Jato".

1.4 A trajetória profissional dos PGRs que serviram entre 1988 e 2019

Na apresentação, antecipou-se que a sociografia exploratória dos PGRs (Tabela 2)[24] que ocuparam o cargo nas últimas três décadas revelou que: a) todos eles foram designados pelos superiores

23 Ver DOU de 07 abr. 2014, seção 2, p. 61. Disponível em: http://www.in.gov.br/web/guest/inicio. Acesso em 10 jan. 2020.

24 Sepúlveda Pertence foi PGR entre 1985 e 1989 e não tem carreira no MPF. A sua nomeação é anterior à CF/88, do tempo em que o PGR poderia ser de fora da carreira do MPF. A CF/88 que definiu que o PGR deve ser escolhido apenas entre os integrantes do MPU.

antecessores para posições da cúpula ao longo da carreira; b) a partir de 1993, ocuparam posições superiores da administração do MPF, e; c) os escolhidos para a PGR com base na lista tríplice da ANPR atuaram nesta associação privada (Viegas, 2019).

Tabela 2. Procuradores-Gerais da República (1988-2019)*

PGR	Ingresso no MPF	Mandato(s) na PGR	Período(s) do(s) mandato(s) na PGR
Geraldo Brindeiro	1975	4	28/06/1995 a 28/06/2003
Aristides Junqueira	1973	3	20/06/1989 a 28/06/1995
Antonio Fernando	1974	2	30/06/2005 a 28/06/2009
Roberto Gurgel	1982	2	22/07/2009 a 15/08/2013
Rodrigo Janot	1984	2	17/09/2013 a 17/09/2017
Cláudio Fonteles	1973	1	30/06/2003 a 29/06/2005
Raquel Dodge	1987	1	18/09/2017 a 18/09/2019
Augusto Aras	1987	1	25/09/2019 – atual

Elaborada pelo autor. Fontes: CPDOC-FGV e MPF. *Organizado por frequência na PGR

Retendo as questões mais importantes para efeitos da análise das designações, como situações exemplares, assim que ingressaram na carreira do MPF, Aristides Junqueira, em 1978, Roberto Gurgel e Raquel Dodge, no mesmo ano da posse no primeiro nível da carreira, auxiliaram na PGR. Entre as atividades de assessoramento realizadas, atuaram perante a cúpula do Judiciário, localizada no DF. Claudio Fonteles foi chefe de gabinete de Sepúlveda Pertence (1985 a 1989), o que equivale na administração, nas devidas proporções, à Casa Civil para o Executivo federal. Roberto Gurgel cuidou da distribuição interna dos processos em tramitação no STF em 1995, período em que Junqueira foi PGR.

Por sua vez, Rodrigo Janot foi designado procurador da república chefe do MPF no DF no ano de ingresso na carreira. Ainda, durante a gestão de Claudio Fonteles, Janot foi secretário-geral do MPF e, na gestão de Antonio Fernando, foi coordenador-geral do

CPSI-MPF[25]. Augusto Aras foi designado para oficiar ao STJ. Aras atuou, ainda, por designação de Antonio Fernando, no CADE, como corregedor auxiliar na gestão de Roberto Gurgel e exerceu o cargo de Ouvidor-Geral do MPF designado por Rodrigo Janot. Por designações, Aristides Junqueira tomou assento no CSC nos anos de 1982 e 1983. No Poder Executivo, com exceção de Antonio Fernando, o restante do grupo foi designado para comissões e consultorias do Ministério da Justiça. Ainda assim, Antonio Fernando integrou o Conselho Penitenciário do PR, por diversas vezes, desde os anos de 1970. No Poder Judiciário, Geraldo Brindeiro participou de comissão do TSE em 1991 por designação.

A atuação do MP em matéria eleitoral, de suma importância para o funcionamento da democracia brasileira, é também decisiva para os integrantes que pretendem ascender na carreira. O MP é fiscal das eleições nos três níveis da federação. A importância disso para a análise neste capítulo é que, quando no exercício dessas funções eleitorais, os integrantes do MPF mantêm contato direto com a dinâmica de funcionamento do sistema político-partidário nacional. Geraldo Brindeiro e Antonio Fernando atuaram no TSE e Augusto Aras no TRE da Bahia por designação de Aristides Junqueira. Brindeiro atuou no TSE pela vice-PGR durante as eleições presidenciais de 1989 e, também, durante as eleições de 1994. Antonio Fernando exerceu boa parte da carreira no MPF na área eleitoral, no TRE do Paraná e no TSE. Enquanto ocupou a vice-PGR, assim como Brindeiro, Antonio Fernando oficiou ao TSE durante as eleições de 1994. Entre 2003 e 2005, foi a vez de Roberto Gurgel atuar no TSE por designação do PGR Claudio Fonteles.

Além disso, depois das mudanças na estrutura e organização do MPF promovidas pela LC n. 75/93, o grupo passou a ocupar

25 Claudio Fonteles e Roberto Gurgel secretariaram o concurso para ingresso na carreira do MPF – Fonteles, em 1979, seis anos depois de ingressar no MPF, e, Gurgel, por uma década, durante as gestões de Junqueira e Brindeiro. É função do secretário do concurso coordenar o recrutamento para a carreira, o que lhe permite, além do trânsito pela cúpula, o contato com os recém-chegados ao quadro de integrantes do MPF. A maioria dos PGRs foi examinadora de concursos para diferentes carreiras do sistema de justiça. Antonio Fernando foi membro da banca do MPF de 1995 em diante, durante a gestão de Geraldo Brindeiro na PGR. Roberto Gurgel secretariou oito concursos de ingresso na carreira do MPF.

essas posições politicamente relevantes em órgãos colegiados da administração[26], sendo a principal delas o cargo de conselheiro no CSMPF. As duas próximas Tabelas (3 e 4) sintetizam os mandatos no CSMPF e as passagens pelas CCRs na trajetória profissional de cada um deles antes da nomeação para a PGR, indicando as gestões dos PGRs em que isso aconteceu.

Tabela 3. Mandatos dos PGRs no CSMPF*

Conselheiro(a)	Mandatos	Durante a gestão - PGR
Antonio Fernando	5	Aristides Junqueira, Geraldo Brindeiro e Claudio Fonteles
Roberto Gurgel	3	Geraldo Brindeiro e Claudio Fonteles
Rodrigo Janot	3	Claudio Fonteles, Antonio Fernando e Roberto Gurgel
Raquel Dodge	3	Roberto Gurgel e Rodrigo Janot
Claudio Fonteles	2	Aristides Junqueira e Geraldo Brindeiro
Augusto Aras	2	Roberto Gurgel e Rodrigo Janot

Elaborada pelo autor. Fontes: CPDOC-FGV e MPF. *Organizado por quantidade de mandatos no CSMPF

Aristides Junqueira e Geraldo Brindeiro não atuaram no CSMPF e nas CCRs porque suas carreiras no MPF até a PGR foram anteriores à LC n. 75/93. Recorda-se que são sete CCRs e que cada uma delas é integrada por três membros do MPF, preferencialmente sub-PGRs, sendo um escolhido pelo PGR, que também coordena a CCR, e dois escolhidos pelo CSMPF, e que cada mandato no CSMPF e nas CCRs tem duração de dois anos (Tabela 4, na página seguinte).

Além disso, a maior parte do grupo registra atuação politicamente relevante na ANPR (diretorias). Nas últimas três décadas, os PGRs com atuação na ANPR chefiaram o MPF por 22 anos. Geraldo Brindeiro e Augusto Aras, escolhidos fora da lista tríplice criada pela ANPR, não exerceram cargos nessa associação[27]. Todos os demais, incluindo Aristides Junqueira, que é anterior à existência lista tríplice da ANPR, atuaram na associação

26 A carreira de Aristides Junqueira e quase toda a carreira de Geraldo Brindeiro até a PGR são anteriores à LC n. 75/93.

27 Geraldo Brindeiro e Augusto Aras não indicaram em seus currículos enviados para a sabatina no Senado se atuaram na ANPR. Nada aparece sobre eles no endereço eletrônico da ANPR.

privada e, ao menos, fizeram parte da Diretoria da ANPR. Dois deles, Roberto Gurgel e Rodrigo Janot, exerceram a Presidência, e Antonio Fernando a Vice-Presidência da ANPR (Tabela 5).

Tabela 4. Passagem dos PGRs pelas CCRs*

Conselheiro(a)	Temas/atribuições das CCRs	Durante a gestão - PGR
Claudio Fonteles	Criminal	Geraldo Brindeiro
Antonio Fernando	Constitucional e eleitoral	Geraldo Brindeiro e Claudio Fonteles
Roberto Gurgel	Meio ambiente e patrimônio cultural	Aristides Junqueira e Geraldo Brindeiro
Rodrigo Janot	Eleitoral, corrupção e atividade policial e sistema prisional	Aristides Junqueira, Geraldo Brindeiro, Claudio Fonteles e Antonio Fernando
Raquel Dodge	Criminal, comunidades indígenas e minorias	Aristides Junqueira, Geraldo Brindeiro e Roberto Gurgel
Augusto Aras	Constitucional, criminal e consumidor	Aristides Junqueira, Geraldo Brindeiro, Antonio Fernando e Rodrigo Janot

Elaborada pelo autor. Fontes: CPDOC-FGV e MPF. *Organizado por ordem na PGR

Tabela 5. Atuação dos PGRs na ANPR*

Conselheiro(a)	Durante a gestão - PGR
Claudio Fonteles	Diretoria (1975 a 1981)
Aristides Junqueira	Diretoria (1983 a 1985)
Antonio Fernando	Vice-Presidência (1985 a 1991) e Diretoria (1987 a 1991)
Roberto Gurgel	Diretoria (1984 a 1987) e Presidência (1987 a 1989)
Rodrigo Janot	Delegado (1987 a 1989), Diretoria (1993 a 1995) Presidência (1995 a 1997)
Raquel Dodge	Diretoria** (1991 a 1993) e Delegada (1992 a 1997)

Elaborada pelo autor. Fontes: ANPR. *Organizado por ordem na PGR. ** Raquel Dodge foi da diretoria da Fundação Pedro Jorge, mantida pela ANPR, entre 1991 e 1993

Em relação às designações, importa dizer que as questões identificadas na trajetória desses PGRs estão intrinsecamente relacionadas às formas de interação profissional e política dos integrantes do MPF dentro e fora dessa estrutura burocrática. Levando em conta todas as posições ocupadas pelo grupo na PGR, no CSMPF e nas CCRs, por longos períodos de suas carreiras, e, ainda, as atribuições dessas posições, as designações certamente lhes proporcionaram experiência prévia (conhecimento e habilidade) em temas especializados e de cunho político, que afetam não apenas o MPF, mas o funcionamento do sistema político e de justiça brasileiro. Como se observa do registro da trajetória desses procuradores, eles se dedicaram a posições políticas durante toda a sua carreira na burocracia. A maior parte deles fez isso, também, fora do MPF, tanto em razão das designações do PGR, para que atuassem em órgãos do Executivo federal e comissões do Judiciário, como na ANPR.

1.5 Discussão: fatores estranhos à racionalidade burocrática típica ideal e o tipo híbrido de "procuradores políticos profissionais"

Antes de iniciar a discussão propriamente dita, retomam-se alguns pontos. Nas seções anteriores deste capítulo, verificou-se que o MPF é uma organização complexa e extensa, que prevê centenas de posições de confiança (cargos ou funções) na sua estrutura. Na essência, a nomeação de funcionários para cargos de confiança pode ser pautada por vários critérios, entre eles o político (Loureiro & Abrucio, 1998). No caso do MPF, os seus integrantes são lotados nessas posições por designação (escolha) dos superiores, especialmente do PGR. As designações não se restringem para posições no topo e no entorno da PGR, mas se efetivam também para lotação em outros postos-chave: CSMPF, CCRs, Corregedoria, comissões e secretarias. As atribuições das posições designáveis não se resumem a funções administrativas, mas incluem, também, atuação nos órgãos jurisdicionais, como STF, TSE, STJ, TREs, e em órgãos voltados para atividade próxima da policial, como os GAECOS e força tarefa "Lava Jato".

Verificou-se que a trajetória profissional dos últimos oito PGRs é marcada por designações dos seus antecessores para posições de confiança. Ademais, resgata-se que o alto nível de politização dos integrantes do MP é destacado pela literatura e o que corrobora com isso é a disputa interna para nomeação do

PGR desde 2001 através da lista tríplice da ANPR[28]. Assim, o que se buscou delinear até agora é que as designações no MPF estão relacionadas à *governabilidade* dessa burocracia pelos seus superiores, que detêm amplo poder de distribuição de cargos e de funções de confiança (posições politicamente relevantes) em um contexto marcado pelo conflito e a disputa pelo poder. Ante a sua amplitude, as designações também estão relacionadas à consecução dos objetivos formais do MPF.

Contudo, o problema central que este estudo traz é o seguinte: a escolha de integrantes para posições politicamente relevantes por toda a sua estrutura é formalizada por designação, um ato discricionário por excelência; como as designações são levadas a efeito pelos superiores em posições onde elas também operam, controle e incentivos sobre o comportamento dos integrantes do MPF estão concatenados à lógica dessas designações.

De acordo com Merton (1968), o surgimento do espaço informal na organização burocrática resulta da necessidade de controle sobre os burocratas a fim de obter mais eficiência deles[29]. Trata-se de uma *disfunção* que tem na sua origem a resistência ao controle. Não que essa *disfunção* esteja ausente no contexto do MPF. Pelo contrário, a capacidade de resistência ao controle dos integrantes dessa burocracia na defesa de seus interesses individuais e/ou corporativos é destacada sempre (Arantes, 2002; Bonelli, 2002; Arantes & Moreira, 2019; Almeida, 2010; Kerche, 2009, 2014). Porém, a ênfase na capacidade de resistência ao controle apontada pela literatura sedimenta-se, sobretudo, com base no arranjo constitucional e basicamente foca o controle externo realizado sobre o MP, ou seja, a dimensão da *accountability* horizontal (O'Donnell, 1998). Chega-se a dizer que, internamente, o

---

28 Arantes aduz a problemática que permeia a escolha do chefe do MP: "a politização das atribuições de uma instituição que está obrigada a agir com neutralidade" (Arantes, 2002, p. 282). O autor se refere ao paradoxo que envolve o novo status de agente político alcançado pelo MP e a necessidade de agir de modo neutro enquanto mandamento recebido pela CF/88.

29 A ênfase na rigidez do comportamento faz com que os burocratas busquem defender interesses comuns, e não o interesse do público, sempre que a integridade dos interesses dos próprios burocratas nessa condição estiver ameaçada (Merton, 1968).

contexto do Ministério Público seria pouco hierarquizado, o que sugere uma ampla discricionariedade dos seus integrantes e um fraco controle sobre as suas condutas (Kerche, 2007, 2009).

Não se pode confundir três coisas: a autonomia da organização (MP), a autonomia dos indivíduos (procuradores) e a discricionariedade enquanto espaço de ação[30]. A falta de controle das demais organizações sobre o MP é um problema sistêmico, de ordem constitucional na organização do Estado, e não pode ser confundida com as prerrogativas atribuídas aos integrantes dessa burocracia, que lhes conferem autonomia (entre elas, a independência funcional). Por sua vez, nada disso pode ser confundido com a discricionariedade pensada como espaço para ação, objeto deste capítulo. Isso precisa estar claro para se compreender o papel das designações no MPF.

De modo geral, os estudos sobre o MP desconsideram o que se analisa aqui. As designações partem das posições superiores, assim, de onde emanam atos de controle previstos nos estatutos legais sobre os procuradores da república, sejam os atos da PGR, do CSMPF, das CCRs ou da Corregedoria, por exemplo: regulamentos e portarias sobre a condução de inquéritos civis e criminais e sobre os critérios para a distribuição do serviço entre os burocratas; critérios sobre o mérito para definir promoções na carreira, lembrando o que foi dito quanto à promoção por merecimento - art. 2º, § 1º, da Res. n. 101/2009 - CSMPF ("Na avaliação do desempenho serão considerados o exercício de cargos, funções ou atividades consideradas relevantes para a carreira"); correição extraordinária; instauração de procedimento administrativo e sindicância; punições, como suspensão e aposentadoria com vencimentos proporcionais.

Por outro lado, dessas mesmas posições superiores partem incentivos previstos nos estatutos jurídicos para que os burocratas

30 Sobre a categorização dos conceitos de autonomia e discricionariedade para estudos de burocracia, ver: Lotta e Santiago (2017).

ajam de uma e não de outra maneira, por exemplo: aumento da remuneração por ocupar posições de confiança (art. 224 e seguintes da LC n. 75/93); designações para integrar grupos especializados de combate à corrupção, o que traz notório prestígio não só interno, como a fama em operações policiais de grande repercussão midiática; designações para comissões de estudos, para compor o lugar do MPF em debate público, seja no Congresso Nacional, no CADE ou no Ministério da Justiça; promoções por mérito e elogios em ficha funcional; afastamento da carreira com vencimentos para estudar no estrangeiro; homologação das promoções de arquivamento de inquéritos civis e pareceres favoráveis aos desfechos de casos criminais; não menos importante, a cessão de servidores para que os integrantes do MPF se dediquem às atividades que definirem como prioritárias. Quanto a esse último exemplo, a cessão de servidores, não existe a menor possibilidade de uma operação como a "Lava Jato" abranger tantos casos de corrupção sem um remanejamento considerável de servidores (técnicos, analistas, contadores, economistas, profissionais de tecnologia da informação, auditores) e mesmo de procuradores da república.

Assim, o controle sobre os integrantes do MPF e os incentivos que eles recebem partem de posições onde as designações também operam. Portanto, **controle e incentivos formais coexistem com espaços de ação não regulados por regras formais**. Dito de outro modo, controle e incentivos estão concatenados a posições superiores de onde partem as designações (escolhas de integrantes) para toda a estrutura, sem necessidade de motivação formal, e onde, igualmente, as designações se fazem presentes.

Entre as principais atribuições do CSMPF na esfera do controle está a de designar o sub-PGR para apurar crime comum atribuível ao PGR (art. 57, X, LC n. 75/93) e promover a ação penal contra ele (art. 51, LC n. 75/93), bem como escolher os integrantes da comissão administrativa que apura a conduta de integrante do MPF. A lei não prevê uma comissão administrativa permanente para situações que envolvam a conduta dos integrantes do MPF. De passagem, diga-se que faz toda diferença para qualquer acusado a escolha do seu carrasco.

Esse amplo espaço informal de ação pode ser manipulado pela cúpula da organização estrategicamente, como peças em um tabuleiro de xadrez, assumindo a forma de cooptação, conforme Selznick (1953). Nesse sentido, as designações no MPF podem ao final funcionar como instrumento de manipulação calculada adotado como resposta a pressões específicas, sejam elas internas e/ou externas. Está-se falando do cálculo estratégico levado a efeito para preenchimento de posições sensíveis para questões políticas internas e externas, como a Vice-PGR, Vice-PGR Eleitoral, Procuradorias Regionais Eleitorais, Corregedoria, grupos especializados no crime organizado (GAECO e "Lava Jato") e comissões de sindicância.

Quanto às designações terem o papel de cooptação, a trajetória dos PGRs mostra que todos foram nomeados para posições políticas relevantes pelos antecessores, inclusive o grupo que tem atuação na ANPR foi frequentemente designado antes de se respeitar a lista tríplice para nomeação do PGR, sendo emblemática a trajetória de Roberto Gurgel[31].

Ademais, ainda na esteira de raciocínio segundo o qual as designações podem ser manipuladas estrategicamente pela cúpula do MPF, é possível que uma interdependência de interesses regule os conflitos nessa burocracia, como delineado por Crozier (1974). Importante frisar que não existe um único modo de fazer as coisas no MP, sejam as designações e demais atos da PGR, CSMPF, CCRs e Corregedoria, sejam os atos dos integrantes do MPF designados para atuar perante o STF, TSE, STJ, TREs, TRFs, em GAECOS e na "Lava Jato". Assim, é plausível que designadores e designados

---

31 Retomando, os escolhidos para PGR com base na lista tríplice da ANPR atuaram nesta associação. Roberto Gurgel chama atenção por ocupar cargos relevantes em gestões anteriores. Mesmo no caso do atual PGR, Augusto Aras, escolhido fora da lista tríplice, ele integrou o CSMPF durante as gestões de PGRs ligados à ANPR, tendo sido, inclusive, escolhido Ouvidor-Geral do MP durante a gestão de Rodrigo Janot (ex-presidente da ANPR).

não desafiem interesses comuns ao ponto de porem em risco os próprios interesses e dos demais integrantes do MPF.

Evidentemente que no caso de integrantes do MPF tudo isso precisa ser pensado levando em conta a sua capacidade de resistência ao controle. Todavia, o que o presente estudo mostra é que, para compreender não apenas a *governabilidade* dessa burocracia, mas o seu funcionamento concreto, não se pode considerar somente a condição formal daqueles integrantes que são titulares nas suas unidades de atuação nas Procuradorias da República, e que podem melhor resistir à *tentação* dos privilégios de uma carreira política nessa burocracia – e esse é o ponto a que se apegam os analistas do MP, a condição dos titulares.

De fato, os titulares são irremovíveis, os seus subsídios são irredutíveis e gozam de independência funcional por expressa previsão constitucional e legal[32]. Aliás, com base nas prerrogativas dos titulares é que se concluiu até hoje sobre a autonomia e a discricionariedade dos integrantes do MP.

Porém, os ocupantes de posições politicamente relevantes no MPF designados não são estáveis em cargos e funções de confiança, a sua própria remuneração será menor se deixarem essas posições, sem falar de todos os demais privilégios mencionados. E esses ocupantes designados, frisa-se, são centenas em toda a estrutura, sendo que algumas unidades funcionam exclusivamente com eles, não titulares, a exemplo dos GAECOS e o caso "Lava Jato". Saliente-se, assim, que integrantes de GAECOS e da "Lava Jato" podem ser substituídos por outros integrantes do MPF a qualquer momento[33].

Como não poderia ser diferente, este estudo das designações possui limitações. De saída, corre-se o risco de explicações

---

32 Nos estatutos legais, ver: art. 127, §§ 1° e 2°, da CF/88; também, art. 17 da LC n. 75/93.

33 A título de exemplo, o PGR Augusto Aras reorganizou toda a cúpula do MPF, nomeando integrantes de sua confiança. Fez o mesmo em relação à "Lava Jato". Por ato normativo, também destituiu dos cargos todos os conselheiros e coordenadores da ESMPU. Esta é responsável pela profissionalização técnica dos integrantes do MPU, incluindo o MPF. Disponível em: http://www.mpf.mp.br/pgr/noticias-pgr/augusto-aras-anuncia-novos-nomes-para-equipe. Acesso em 27 set. 2019. Disponível em: https://www1.folha.uol.com.br/poder/2020/02/aras-muda-estatuto-ignora-mandatos-e-troca-conselho--de-escola-do-ministerio-publico.shtml. Acesso em 05 fev. 2020.

tautológicas produzidas pelo manejo de ferramentas analíticas funcionalistas[34]. De fato, o cerne da análise da estrutura e da organização do MPF, como aqui realizada, admite que comportamentos sejam funcionais e que, por decorrência desses comportamentos a informalidade se torne um aspecto estrutural persistente.

Todavia, o uso dessas mesmas ferramentas analíticas foi útil para identificar a potencialidade que as designações têm de operar na informalidade do MPF e de demonstrar a amplitude disso na estrutura dessa burocracia em termos de seu funcionamento. Visando reduzir o risco, ou, como se queira, visando controlá-lo na medida do possível, as conclusões sobre as possíveis regularidades foram confrontadas com a trajetória dos PGRs, enquanto registro da sua atividade ao longo do tempo (mais de 30 anos), de certo modo historicizando a análise.

Outro limite deste estudo se refere à relação das designações com a constituição de um perfil híbrido de "procurador político profissional". Esse perfil é plausível na medida em que a especialização de funções e a disputa pelo controle de posições específicas na estrutura do MPF e na ANPR fazem com que procuradores tenham que se dedicar à política continuada e integralmente, processos estes ao longo do tempo ligados à "profissionalização política".

As aspas são devidas porque o conceito de profissionalização política é específico, voltado para um processo que descreve a profissionalização seja no trabalho legislativo ou na carreira de representação política (Czudnowski, 1975; Weber, 1994; Perissinotto & Veiga, 2014). De todo modo, o que se está a analisar neste capítulo não é um mero processo de profissionalização burocrática ligado à profissionalização técnica. Também, não se trata apenas de uma profissionalização burocrática que visaria ter

34 A tradição da sociologia de Talcott Parsons (2010) nos EUA influenciou a obra de Merton (1968), Selznick (1953) e Crozier (1974). A respeito dos pontos fortes nas explicações funcionalistas, empresta-se o que foi delineado por Codato e Perissinotto (2011) na discussão sobre o marxismo: "(i) ela é importante para a identificação de regularidades funcionais; (ii) trata-se de um procedimento complementar, e não oposto, à explicação intencional; (iii) a explicação funcional é um trabalho preliminar que permite identificar os fenômenos sociais relevantes que merecem ser explicados" (Codato & Perissinotto, 2011, p. 169).

mais poder sobre a carreira, os órgãos internos e as indicações que ocorrem no MP. O adjetivo híbrido também não é ocasional, pois esse perfil se configura em um processo de "profissionalização política" específico, sem a necessidade de abandono definitivo da carreira jurídica na burocracia. O registro da ação dos burocratas, que se extrai da trajetória de carreira dos PGRs, vem a reforçar a verossimilhança desse perfil.

Os PGRs que serviram desde 1988 foram designados ao longo da carreira pelos superiores antecessores para posições políticas não só da cúpula, mas predominantemente para a cúpula. Marcaram presença em posições superiores da administração do MPF a partir de 1993. As posições de confiança do MPF são especializadas, vide atribuições da PGR, CSMPF, CCRs, Vice-PGR Eleitoral e Procuradorias Regionais eleitorais. Até aqui, se poderia dizer que se trata de ter mais poder burocrático. Contudo, o que se está ressaltando é que as posições politicamente relevantes do contexto organizacional são cruciais para interesses que vão além do Ministério Público.

É preciso estar atento para as implicações relativas ao ambiente interno, mas também em relação às implicações que podem decorrer para o ambiente externo. Trata-se de implicações políticas que decorrem do poder de designar um indivíduo específico, e não outro, para posições específicas no contexto do MPF e, por conseguinte, determinar um sentido às ações políticas de seus integrantes, e não outro, por exemplo, perante o STF, o TSE, no CSMPF, nas CCRs e mesmo no caso da "Lava Jato".

A questão ganha contornos mais claramente políticos quando adicionada a presença da ANPR no contexto do MPF. Nesse ponto, existem explicações para a atuação das associações de classe ligadas ao MP, traçadas por Arantes (2002), Kerche (2009) e Almeida (2010), na perspectiva de *lobby* no Legislativo federal, buscando, por exemplo, a aprovação orçamentária e de leis afetas ao MP, o que demandaria uma certa profissionalização em prol da defesa de interesses corporativos. Um dos problemas disso – e talvez o mais relevante de todos – é que a atuação na ANPR não coincide necessariamente com o afastamento da carreira no MPF[35].

Assim, é real a exigência crescente por conhecimento e habilidades específicos nas posições de confiança do MPF e em posições na ANPR, leia-se, eminentemente políticas, no sentido proposto por Michels (1982). Entretanto, como em um processo de profissionalização política em sentido estrito se presume que os recursos não sejam "distribuídos aleatoriamente, mas tendem a privilegiar aqueles [...] mais próximos da condição de profissionais da política" (Perissinotto & Veiga, 2014, p. 51), permanecem à margem de explicação o quê da especialização de funções no interior da estrutura do MPF e o quê da dedicação à atividade política, seja no exercício dos cargos da administração superior (PGR, CSMPF, CCRs), seja na atuação na ANPR, pode ter relação com a seleção dos integrantes dessa burocracia para as posições de cúpula do MPF e da ANPR.

Nesse sentido, a "profissionalização política" dos procuradores da república ainda está mais pressuposta do que demonstrada. Porém, o referido limite explicativo quanto ao "procurador político profissional" é circunstancial, uma vez que trata especificamente do papel das designações para a constituição desse perfil de "burocrata-político". Se bem que **existem duas evidências de um processo de "profissionalização política" atreladas a um processo de oligarquização do MPF e da ANPR** que este estudo permite tratar desde agora, ainda que dentro dos seus limites.

A primeira evidência reforça o argumento de que as designações reproduzem uma lógica de *governabilidade* nessa estrutura, haja vista que os PGRs marcaram presença nas posições superiores do MPF por designação dos superiores (PGR, CSMPF,

35 A atividade dos integrantes da ANPR não se limita à perspectiva do lobby no Legislativo. Na realidade, observa-se que a interação também se dá em diferentes espaços, além dos que demarcam a defesa de interesses corporativos, por exemplo diante de setores da mídia tradicional e de setores econômicos, como na ocasião de debates e de congressos sobre os mais diversos temas. Nesse sentido, conferir as notícias no site da ANPR (https://www.anpr.org.br/). O terceiro capítulo desta tese abordara esse assunto detalhadamente.

CCRs), portanto, mais próximos do exercício do poder formal. A segunda evidência relaciona-se ao acatamento da lista tríplice elaborada pela ANPR pelo presidente da República para escolha do PGR, em que fica nítida uma "fila sucessória"[36].

O que chama atenção na "sucessão" da PGR com a lista tríplice da ANPR, entre 2003 e 2017, é que se trata de uma lista formada pela votação de integrantes do MPF associados da ANPR, o que corresponde a quase toda a carreira. Portanto, observa-se uma lealdade para com aqueles que se encontram na referida "fila sucessória", especialmente as suas lideranças, e que trilharam carreira política nos dois espaços, MPF e ANPR, sugerindo uma baixa renovação nas instâncias dirigentes[37], dentro e fora do MPF. Por esse ângulo, a associação privada obtém um determinado comportamento da maioria dos integrantes do MPF, ao menos no que se refere à "fila sucessória".

Não se pode esquecer que o CSMPF tem parte da sua composição também preenchida por votação de todos os integrantes da carreira. Por consentâneo, com base nessas duas evidências – oligarquização no contexto do MPF e na ANPR, existem relações próximas entre as posições superiores, especialmente a PGR, o CSMPF e as CCRs – de onde partem controle e incentivos para essa burocracia, e onde as designações também operam – e a ANPR, uma associação privada.

Como se demonstrou, essas relações estão ligadas a um processo de profissionalização não só técnica dos integrantes do MPF,

36 Quando Claudio Fonteles encabeçou a lista em 2003, ano de sua nomeação para a PGR, Antonio Fernando foi o segundo mais votado. Na sequência, Antonio Fernando encabeçou a lista em 2005, tendo sido nomeado PGR. Novamente, depois de ser o mais votado em 2007, Antonio Fernando foi reconduzido, tendo Roberto Gurgel figurado na lista em terceiro. Em 2009, Roberto Gurgel encabeçou a lista e foi nomeado PGR. No ano de 2011, Roberto Gurgel foi o mais votado e, por isso, reconduzido à PGR. Nesta lista, Rodrigo Janot figurou em segundo. A vez de Rodrigo Janot chegou quando, na próxima escolha, encabeçou a lista da ANPR em 2013. Em 2015, ano de recondução de Rodrigo Janot, ele figurou em primeiro de novo, tendo aparecido o nome de Raquel Dodge na lista em terceiro. Por fim, na última escolha com base na lista, Raquel Dodge foi nomeada PGR depois de compor a lista tríplice. Conferir o histórico da lista tríplice disponível em: https://www.anpr.org.br/institucional/lista-triplice. Acesso em 25 jan. 2020.

37 De acordo com a tipologia proposta por Ribeiro (2014), o baixo grau tanto de renovação como de responsividade corresponde à oligarquia, o que no contexto do MPF precisa ser compreendido juntamente com os mecanismos que conferem estabilidade a essa organização. No mesmo sentido: "[...] estruturas da burocracia pública podem se tornar oligárquicas, quando são capturadas por algum grupo que, controlando-lhes, leva um órgão qualquer do Estado a operar de uma forma não legitimada por princípios publicamente aceitos de funcionamento e infensa a controles internos ou externos" (Couto, 2012, p. 59).

mas, essencialmente, uma "profissionalização política" que decorre da atuação deles em posições de confiança nessa estrutura burocrática e/ou na ANPR de modo continuado e por longo período.

Além disso, outro limite deste estudo sobre as designações está em não permitir concluir sobre o resultado das designações na atuação prática dos integrantes do MPF em decisões administrativas ou perante órgãos jurisdicionais (p. ex.: condução e desfecho de investigações, ações cíveis e criminais, celebração de termos de ajustamento de conduta, acordos de leniência e delações premiadas). Entretanto, levando em conta que controle e incentivos estão concatenados às designações e considerando a presença de integrantes ligados à ANPR neste espaço, **é inegável o risco da instrumentalização política da discricionariedade desses burocratas.**

Enquanto resultado de resistência ao controle (interno ou externo) e defesa dos interesses individuais e/ou corporativos, é plausível que integrantes do MPF defendam seus interesses comuns, inclusive abandonando a busca do interesse público, se necessário. Enquanto instrumento de cooptação, é igualmente plausível que, atendendo ao chamamento dos superiores para participar das decisões, indiferentemente se administrativas (PGR, CSMPF, CCRs e Corregedoria) ou perante órgãos jurisdicionais (STF, STJ, TSE e TREs, TRFs e juízes federais), mas em todo caso decisões políticas em sentido amplo, as designações tenham o papel de integrar interesses divergentes de subgrupos às diretrizes da cúpula do MPF. Nesse sentido, alivia-se a tensão do conflito no seu contexto e ao mesmo tempo as diretrizes superiores podem ser contrárias ao interesse público, dadas certas condições do conflito no interior dessa burocracia.

Se orientado por uma interdependência de privilégios, o papel das designações pode ser também o de estabilizar o conflito interno. A diferença é que, no caso desse fator, a estabilidade organizacional é decorrência de um cálculo estratégico que cria um liame subjetivo. Por um lado, a disputa de poder visa ao controle do MPF, por outro o componente racional é deduzido das estratégias políticas de carreira de procuradores que se orientam pelos privilégios de ocupar determinadas posições.

Assim, a ação de integrantes do MPF, estrategicamente manipulando espaços não regidos por regras formais, tanto por parte dos designadores como pelos designados, é vista não como atomizada ou dispersa, mas coesa. Ou seja, aquilo que parece independente e pouco hierarquizado – como se cada integrante do MP fosse um MP – aqui se dirige para um fim específico. Entre os principais privilégios está o de permanecer apto no jogo do poder, que se realiza nos espaços informais de ação.

No que se refere à carreira, o componente estratégico diz respeito à maximização da ascensão na estrutura formal, uma vez que recrudesce a noção de mérito ocupar posições políticas relevantes. Compreender essa lógica e colocá-la em prática pode significar muito além de uma mera promoção na carreira. Significa aumentar as chances de ocupar posições políticas relevantes que ditam o funcionamento concreto dessa burocracia perante o STF, TSE, TREs, TRFs, GAECOS, "Lava Jato" e que, em suma, afetam os rumos do país.

Por último, este estudo sugere uma outra perspectiva de abordagem sobre o MP, afeta ao patrimonialismo, na medida em que o aspecto informal se sobrepõe ao formal na definição da governabilidade e funcionamento do MPF. Pensando o patrimonialismo, Schwartzman (2007) discute como a dualidade de fontes de poder (formal e informal) se expande e se diferencia em várias direções. Segundo o autor, "interesses particulares são levados a efeito dentro de estruturas de autoridade, ao mesmo tempo que os sistemas de autoridade se desenvolvem no setor 'privado' da sociedade e se estendem em direção ao controle do Estado" (Schwartzman, 2007, p. 92).

Conforme a trajetória profissional dos PGRs, a lógica por trás das designações é persistente e não foi superada por outra mesmo depois da redemocratização. Além do mais, as designações não estão adstritas à legalidade, mas também à esfera da "livre" decisão, aqui caracterizada como espaço informal de ação, embora busquem o seu fundamento de validade nas normas jurídicas. Ao final, a discricionariedade dos integrantes do MPF pode ser instrumentalizada politicamente em sentido oposto ao do interesse público, sem a necessidade de abandono da carreira na burocracia pública. O quadro delineado se agrava com a presença de integrantes de uma associação privada em posições de controle interno e na distribuição de incentivos para os integrantes do MPF[38].

No patrimonialismo, a ação dos superiores e do quadro administrativo é conquistada por meio de relações pessoais. No estudo do alto escalão da burocracia no Brasil, Schneider (1994, 1995) demonstrou a importância das nomeações internas para posições de confiança visando à obtenção de lealdade. Segundo o autor, o que se apresenta como fragmentado ou desarticulado na organização para o público externo, ao final converge em razão das relações pessoais, que operam na informalidade[39].

No caso do MPF, considerando os elementos discutidos e, agora, alinhavados, as designações se verificam em toda a estrutura e rompem com a ordem racional-legal de movimentação na carreira, pautada na previsibilidade pela antiguidade ou no critério do merecimento. Em relação à hierarquia, permitem que antigos e novos procuradores do quadro administrativo convivam em um mesmo espaço. Rompem com a noção de estabilidade funcional, pois se está falando de cargos e funções de confiança. Por essa mesma razão, afetam os vencimentos fixos, pois ocupar essas

38 O sentido que se quer empregar foi oferecido por Nabuco de Araújo em 1880 no Parlamento, em uma das discussões sobre a abolição da escravidão, ao dizer que não se sabia ao certo a extensão dos limites das porteiras das fazendas sobre o Estado brasileiro (Alonso, 2015).

39 A diferença em relação aos estudos de recrutamento para o alto escalão do BCB (Olivieri, 2007) é que neste capítulo/artigo das designações do MPF não se discutem os critérios de escolha (se políticos e/ou técnicos). A lógica das designações está por trás de uma espécie de "profissionalização política". Em razão disso, é possível que os integrantes do MPF ingressem na organização próximos do que se entende por "técnicos", por decorrência do concurso público, sendo que, quanto mais sobem na estrutura da organização em direção à cúpula, mais se aproximam daquilo que se resolveu chamar de "procuradores políticos profissionais".

posições ou não tem implicações na remuneração, independentemente do nível hierárquico. Permitem a ocupação de posições importantes em toda a estrutura pelo simples privilégio e lealdade pessoal. Ainda nesse ponto, conforme repisado, as designações configuram uma lógica do privilégio segundo a qual posições especializadas são ocupadas por aqueles que somente alcançam acesso a essas mesmas posições por designações[40].

1.6 Considerações finais

O mecanismo central que confere *governabilidade* a essa burocracia – as designações – devido à amplitude, precisa ser compreendido como indissociável do funcionamento do MPF. Até mesmo a amplitude das designações para toda a estrutura sobrepõe-se ao espaço formal e reside na discrição dos superiores, uma vez que essa amplitude pode decorrer não apenas da lei em sentido estrito enquanto produto legislativo. Como demonstrado, a amplitude das designações decorre também da *governabilidade* dessa burocracia e da atenção às diretrizes da sua cúpula, haja vista a possibilidade de criação de órgãos e de departamentos por resoluções e por portarias dos superiores (PGR e CSMPF), como são os casos dos GAECOS e da "Lava Jato".

Além disso, os achados sobre a trajetória profissional dos PGRs dos últimos 30 anos reforçam a mesma preocupação. Eles orbitaram a cúpula do MPF por designações, alguns precocemente, desde o início de suas carreiras[41]. Como a carreira da maioria deles antecede à CF-88, a lógica dessas designações é um mecanismo persistente que confere *governabilidade* a essa estrutura, que

40 Essa parece uma lógica própria dos estamentos. Segundo Weber, nos estamentos "a articulação hierárquica é ferida pelo privilégio" e a competição por esses cargos e suas rendas "determina a delimitação recíproca dos seus conteúdos administrativos e figura no lugar da 'competência'" (Weber, 2003, p. 132). O componente do parentesco com elites políticas e jurídicas entre os PGRs, sem exceção entre todos os indicados desde 1989, reforça esse argumento (Viegas, 2019). Ou seja, no contexto do MPF observa-se a força de elementos pouco republicanos, entre os quais as relações de parentesco.

41 Alguns desses PGRs foram designados para a cúpula ainda com pouca experiência no MPF, como é o caso de Aristides Junqueira, Roberto Gurgel, Claudio Fonteles e Raquel Dodge. Isso se pode dizer igualmente para posições inferiores na estrutura, a exemplo da composição inicial da "Lava Jato", com a designação, em 2014, de um procurador da república com menos de dois anos de carreira no MPF.

resistiu às mudanças dos estatutos legais alterados na passagem do regime político da ditadura militar para a democracia.

Pode-se presumir da cúpula de uma organização o objetivo de se manter no poder, para tanto valendo-se da estratégia política que for necessária, inclusive antidemocrática e avessa ao interesse público, diria Michels (1982)[42]. O abandono do interesse público pelos burocratas está presente, também, nas análises de Merton (1968), Selznick (1953) e Crozier (1974). Contudo, neste estudo não se está falando apenas de um processo de oligarquização, em que pese este processo forneça elementos sobre um eventual processo de "profissionalização política" dos integrantes do MPF.

Igualmente, não se está falando apenas da capacidade de resistência ao controle, de cooptação ou de interdependência de privilégios. Nem se exclui que todos esses aspectos estejam presentes no MPF, até porque razoável cogitar a correlação entre eles a partir das designações.

O estudo como realizado permitiu avançar consideravelmente sobre os espaços de ação dos integrantes do MPF. A discricionariedade é conferida a eles pelos estatutos legais (CF-88 e LC n. 75/93), mas operacionalizada pelas designações em espaços informais de ação. Lembrando que essa divisão entre regras formais e informais é analítica. O MPF é um só. Portanto, são concretos os problemas que decorrem da instrumentalização política da discricionariedade amplamente conferida aos integrantes dessa burocracia.

Por óbvio que os problemas apontados não são inferidos quando os integrantes do MPF dirigem seus esforços para atender às finalidades da organização (objetivos formais do Ministério Público). Mas, este estudo sugere a possibilidade de instrumentalização da discricionariedade pelos procuradores, ou seja, uma ação estratégica que se volte para a autoproteção, a cooptação e/ou como estratégia de uma carreira política, no MPF e na ANPR.

42 A gestão de Rodrigo Janot e as suas revelações autobiográficas confirmariam a perspectiva de Michels (1982).

Nesse último aspecto, especialmente entre aqueles dotados de interesses próprios enquanto "profissionais da política", no contexto do MPF e na ANPR, é razoável pressupor que possam adotar estratégias políticas de carreira que se materializam nas investigações que conduzem, nos arquivamentos que realizam, nos processos e acordos judiciais, bem como na forma que se apresentam para o público, por exemplo, enquanto combatentes da corrupção.

A lógica das designações na *governabilidade* e no funcionamento do MPF rompe com toda a rigidez jurídico formal que alicerça o Estado de direito moderno na perspectiva weberiana, ainda mais quando presente a ANPR. Quando o que se discutiu neste capítulo se encontrar concatenado, como parece possível no MPF em alguns momentos, o seu funcionamento pode se dar em detrimento do interesse público, por mais paradoxal que isso pareça diante de "procuradores" da República.

CAPÍTULO II

A Face Oculta do Poder no MPF

2.1 Apresentação

A literatura mais proeminente da Ciência Política sobre o MP da CF/88 enfatiza dois elementos centrais: *i*) no curso de um processo iniciado antes da Carta constitucional, durante a passagem do regime ditatorial para o democrático, foi atribuída amplamente ao MP a defesa de direitos difusos e coletivos, o que a CF/88 ratificou (Arantes, 2002); *ii*) a novidade institucional estabeleceu a autonomia do MP em relação ao governo e ampla discricionariedade aos seus membros, sem o que de nada adiantariam maiores atribuições (Kerche, 2009). Comum a ambos ("*i*" e "*ii*"), encontra-se a ação de procuradores e promotores de justiça na forma de *lobby* durante a Assembleia Nacional Constituinte, bem como a preocupação sobre os riscos que o MP da CF/88 poderia representar para o funcionamento do Estado de direito e da democracia, notadamente devido às possibilidades de interação com a política, a escassez de controle sobre seus membros e a amplitude das atribuições (Sadek, 1997).

Influenciadas por essa abordagem, pesquisas importantes se desenvolveram no âmbito das Ciências Sociais e Aplicadas (Silva, 2001; Maciel, 2002; Sinhoretto, 2007; Carvalho & Leitão, 2010; Losekann, 2013; Costa & Oliveira Junior, 2016; Oliveira, 2019; Da

Ros, 2019; Rodrigues, 2020; Silveira *et. al.*, 2020; Londero, 2021; Vasconcelos, 2021; Schabbach & Garcia, 2021), não sendo o caso de citar todas. Cabe apenas frisar que, para os fins da discussão que se pretende realizar aqui, essas pesquisas reproduzem os elementos centrais ressaltados pela literatura mais proeminente, destacando a autonomia do MP da CF/88 em relação ao governo e os aspectos ligados às prerrogativas dos seus membros, entre as quais, especialmente, a independência funcional e as implicações desta para as diferentes áreas de atuação cível e criminal.

Nessa mesma linha de abordagem, mudanças no comportamento de integrantes do MP foram apontadas recentemente, como se observou na operação "Lava Jato", que teve papel fundamental no *impeachment* da ex-presidente Dilma Rousseff e condenou o ex-presidente Luiz Inácio Lula da Silva, retirando a candidatura deste das eleições de 2018 (Avritzer & Marona, 2017; Marona & Kerche, 2021). Teria ocorrido uma passagem na forma de atuação dos membros do MPF, que, dos anos 1990 e até meados dos anos 2000, mobilizavam a defesa de direitos coletivos (ação civil pública – ACP) para uso do direito penal no combate à corrupção. A constatação converge com o fato de terem assumido um papel de protagonismo no cenário público, o que é apontado como interferência na dinâmica política e democrática do Brasil (Arantes & Moreira, 2019), ratificando aquela mesma preocupação inicial dos trabalhos mais proeminentes.

Contudo, embora tenham trazido contribuições importantes e que possibilitam pensar os problemas que aqui serão colocados, esses estudos se preocupam em entender a correspondência entre a mudança institucional e as formas de atuação dos membros do MP, sem dedicar atenção para aspectos organizacionais e societais que no contexto do MPF funcionam relacionados à ação política dos integrantes da burocracia pública e às dimensões do poder, e que ajudam compreender os resultados desses mesmos estudos.

Como se procura argumentar aqui, a falta de uma abordagem organizacional e societal tem consequências para o tipo de análise predominante que se faz sobre o MP até hoje, entre elas está o problema de que, por expressarem aspectos do poder sem abarcar a dinâmica política organizacional inerente ao contexto do MP, captam os efeitos visíveis que decorrem da luta política das lideranças dessa burocracia pública e das práticas aparentes dos integrantes dessa organização. Assim fazendo, não consideram a *permeabilidade* desse contexto, ou seja, os caminhos da política que cruzam o MPF de fora para dentro e, também, no sentido inverso.

Nos trabalhos mais destacados sobre elites jurídicas e administração da justiça, a situação é diferente. Nestes, volta-se a atenção para o processo de institucionalização e de construção de projetos profissionais ligados à carreira dos membros do MP que resultaram da luta corporativa por mais poder burocrático e formas de interação com o poder político (Bonelli, 2002; Engelmann, 2006, 2020; Engelmann & Pilau, 2021; Almeida, 2014; Zaffalon, 2017). Mas, também nessa linha de estudos, que oferece as principais pistas para a análise que se busca realizar aqui, não se adentra em aspectos organizacionais cruciais para compreender a face menos visível do poder das lideranças do MPF.

Visando suprir essa lacuna, o foco deste capítulo está no contexto do MPF, precisamente em relação aos elementos organizacionais que permitem entender a constituição de uma agenda política por suas lideranças, com efeitos do exercício de poder para além do sistema de justiça.

Neste capítulo, a análise se dedica a explorar e analisar os aspectos do item *"ii"* resultado da referida prosopografia exploratória que deu origem à tese, para compreender o que significa controlar as posições superiores do MPF, como isso ajuda a entender a instrumentalização dos seus mecanismos institucionais e quais as suas implicações para o exercício de poder pelas suas lideranças. Salienta-se, assim, que não se trata de um estudo sobre "qual", mas sobre ***como se pode constituir uma agenda por suas lideranças no contexto da organização pública e os eventuais desdobramentos em termos de exercício de poder por elas.***

Feitas essas considerações, a problemática que se busca abarcar neste capítulo envolve as seguintes questões: *i*) os caminhos da política no MPF têm a ver com o *design* dessa organização pública, que permite a atuação dos seus integrantes em toda a cadeia alimentar do poder; *ii*) em razão desse *design*, as suas lideranças têm capacidade de constituir uma agenda para ditar o funcionamento concreto do MPF, que possui implicações no seu contexto, mas, também, para fora dele; *iii*) essa capacidade está atrelada ao sucesso na luta política por ocupar posições superiores do MPF, com atribuições sobre o controle e os incentivos em relação aos demais integrantes, ou seja, sobre o comportamento dos procuradores; *iv*) nesse sentido, a agenda política das lideranças do MPF se constituiu internamente a partir da luta política pela instrumentalização dos mecanismos institucionais do ramo jurídico da burocracia de Estado; *v*) a questão dos caminhos da política que cruzam o MPF fica ainda mais evidente com a presença marcante de líderes nessas posições superiores que registram atuação destacada na ANPR.

Colocados os problemas nesses termos, a hipótese que orienta este estudo é a de que a constituição de uma agenda de poder pelas lideranças do MPF envolve *os caminhos da política e o controle sobre os mecanismos institucionais nessa burocracia pública, os quais instrumentalizados possibilitam às suas lideranças a conversão do poder burocrático em poder político*, nesse caso a chave para compreensão em relação à face oculta do seu poder.

Em relação a essa problemática, considera-se a interação complexa entre fatores exógenos e endógenos ao MPF, ou seja, entre a estrutura de poder institucionalizada e o poder social, que moldam a política e a prática organizacional (Zald & Lounsbury, 2010).

Estas afetam o comportamento dos seus integrantes e, como se pretende demonstrar, no caso do MPF estão também atrelados a uma face pouco conhecida do poder das suas lideranças. Para tanto, operacionaliza-se a "situação de comando", baseada na combinação entre posição e ação das elites organizacionais (Reed, 2012), reconhecendo-se a necessidade de incluir na análise a dimensão relativa à face oculta do poder (Bachrach & Baratz, 1962, 1963).

Desse modo, o presente capítulo apresenta duas contribuições. Primeiro, a utilização de uma literatura que permite analisar o poder de uma estrutura de dominação (MPF) e daqueles que buscam controlá-la, ressaltando a face oculta. Segundo, refere-se à análise de um banco de dados sobre a carreira dos oito PGRs que ocuparam o cargo desde 1988 e a composição do CSMPF, das CCRs e Corregedoria dessa organização pública, pensado como registro da ação realizada pelos indivíduos.

Assim, este estudo reafirma em termos teóricos e empíricos a importância da análise em nível micro envolvendo mecanismos de recrutamento, de socialização e de reprodução social de uma elite organizacional para pensar problemas de nível macro, como o funcionamento do próprio sistema político. Ao buscar responder como se constituiu uma agenda de poder no MPF, discute-se a dimensão oculta desse poder em confusão com uma associação privada (ANPR).

Ao final, avança-se na compreensão sobre os mecanismos institucionais que são instrumentalizados pelas lideranças e que estão diretamente relacionados à reprodução de uma elite organizacional e a sua luta por poder político a partir do Estado. Ademais, ainda que este não seja um objeto deste estudo, explora-se o exemplo do combate à corrupção e a operação "Lava Jato", quando as lideranças MPF/ANPR demonstraram capacidade de instrumentalizar os mecanismos institucionais na sua luta por poder político.

O capítulo está organizado da seguinte maneira: a apresentação é seguida por uma seção sobre os aspectos teóricos do processo analítico; é feita uma breve apresentação do contexto do MPF, destacando a estrutura e atribuições; o objeto é então analisado, as implicações discutidas; as limitações e considerações finais são indicadas ao final.

2.2 Elites organizacionais e a conversão do poder burocrático em político

Nos últimos anos, observou-se o incentivo de estudos organizacionais com questões sobre elites (Zald & Lounsbury, 2010). Entre as principais contribuições está uma perspectiva neo-weberiana que permite compreender e explicar a capacidade que grupos minoritários que governam estruturas de dominação têm de se engajar em estratégias que visam perseguir os seus interesses, para tanto se valendo das posições formais ocupadas nessas estruturas, como no caso da burocracia de Estado (Reed, 2012). De acordo com essa perspectiva, é central a categoria de "situação de comando", ou seja:

> [...] complex institutional formations consisting of hierarchically stratified configurations of interorganizational and intraorganizational positions and relations that are shaped and reshaped primarily, but not exclusively, through the offensive and defensive political command strategies deployed by elite groups located at different levels of such configurations. In their struggle for monopoly access to the scarce economic, political, social and cultural resources that such command situations make available – and the marked advantages that such monopoly access gives to some elite groups over others – elite groups strive to control the stratification mechanisms through which the latter are generated, reproduced and transformed (Reed, 2012: 210).

Em linhas gerais, deve-se analisar a formação, reprodução e transformação de mecanismos de estratificação por meio dos quais as relações de poder se organizam em estruturas de dominação (Reed, 2012). Nesse sentido, precisam ser encarados os resultados institucionais de lutas políticas complexas não apenas entre elites, mas, também, entre as minorias dominantes que se esforçam para ganhar vantagem sobre outros grupos organizados na busca de controlar a trajetória da mudança social.

No Brasil, os estudos sobre elites jurídicas apresentam resultados significativos a respeito, no que tange ao processo de institucionalização do MP e em relação às disputas de seus integrantes por espaços de poder no sistema de justiça com outras instituições, em especial com o Judiciário, a Defensoria Pública e as Polícias (Bonelli, 2002; Engelmann, 2006, 2020; Almeida, 2014). Destacam-se, também, as análises e discussões que integram a dinâmica que permeia as relações da justiça com o poder político, como as reconfigurações políticas e corporativas das elites jurídicas e do MP na agenda de combate à corrupção (Engelmann & Pilau, 2021). Há, ainda, uma abordagem em torno do controle da administração da justiça, em que se observa a via de "mão dupla" da política nas relações que se estabelecem entre o Executivo e o Legislativo e as organizações do sistema de justiça (Zaffalon, 2017).

Chama-se atenção para os resultados desses estudos tanto de elites jurídicas como sobre administração da justiça que lançam luz à "permeabilidade" do contexto dessas organizações do sistema de justiça, quanto às questões de poder, notadamente em relação aos caminhos da política que as cruzam. Muito disso se deve à sociologia política que esses estudos realizam. No caso dos estudos de elites jurídicas que trabalham com a ideia de campo de Bourdieu (1989), como Fabiano Engelmann (2006, 2020) e Frederico Almeida (2014), destacam a importância das origens social, escolar e profissional dos agentes, bem como o seu trânsito pelas "altas rodas", para usar a expressão de Mills (1956). Isso faz toda diferença no tipo de análise que desenvolvem, e na discussão que permitem realizar sobre questões relacionadas ao exercício de poder pelos integrantes do sistema de justiça.

A contribuição desses estudos é significativa para que as questões trazidas pelas teorias das elites passem a ocupar um lugar mais central na discussão sobre o sistema de justiça brasileiro, ajudando a mapear recursos (sociais, políticos, culturais e simbólicos) que configuram mecanismos que permitem acesso às posições de topo da magistratura e do MP e sinalizando para os caminhos da política que atravessam esse sistema.

Assim, salienta-se que esses estudos ajudam a pensar os problemas aqui colocados porque consideram a importância das trajetórias de vida e de carreira dessas lideranças, bem como o caminho da luta corporativa e não apenas os seus resultados: uma luta, diga-se de passagem, travada dentro e fora do sistema de justiça de maneira organizada e jamais alheia às estruturas de poder em que a organização está inserida.

Somando-se a essa tradição de estudos, a operacionalização da "situação de comando" pode representar um ganho analítico em relação às questões de agenda política no contexto de uma organização pública pelo que Scott (2008) chama de "*storage and holding of power*" com o "*exercise and mobilization of power*". A "situação de comando" possibilita atrelar a ocupação do espaço formal dentro da organização pública às estratégias da elite de manter o monopólio sobre a distribuição de recursos institucionalizados (Zald & Lounsbury, 2010; Reed, 2012), vitais para o sucesso na luta pelo poder político – e isso é central na análise que se procura desenvolver em relação a uma elite organizacional que age em dois espaços, público (MPF) e privado (ANPR).

Como as estratégias de uma elite burocrática não se limitam apenas à luta por mais poder burocrático, e nem sempre se trata de uma mera interação deste com o político (Reed, 2012), a "situação de comando" permite a análise da luta de elites organizacionais para exercício do poder político. Poder político que, neste estudo, seguindo também uma tradição weberiana, se refere às expectativas que dizem respeito ao exercício do poder institucionalizado e que se baseia no controle sobre uma estrutura de dominação, como é o caso MPF, ramo especializado da burocracia jurídica do Estado. Mediante essa estrutura pública, que acompanha o processo de incriminação e punição (exerce o monopólio da ação penal), é que se exerce com exclusividade a violência legítima, fio condutor de ação do sistema político no Estado de Direito.

Ademais, a "situação de comando" apresenta outra vantagem justamente por integrar o estudo de "elites posicionais" com "elites de ação" (Reed, 2012), o que em outros termos remete à discussão entre o elitismo e o pluralismo (Gunnell, 1996; Miguel, 2003; Perissinotto & Codato, 2015). Contudo, considerando as limitações dos modelos elitista e pluralista, denunciadas há mais de meio século (Bachrach & Baratz, 1962), o estudo de uma elite ligada ao Estado que luta pelo controle de uma estrutura de dominação como é o MPF, conhecida pela sua opacidade em termos de *accountability* (Kerche, 2009; Marona & Kerche, 2021), precisa articular os aspectos que foram colocados em discussão sobre a face oculta do poder a fim de analisar a real *permeabilidade* desse contexto para questões relacionadas à política e ao exercício de poder.

A análise que operacionaliza a "situação de comando" deve buscar compreender como elites organizacionais ocupam posições formais para a partir delas ditar os "rumos" de uma estrutura de dominação. Esses "rumos" são encarados como os resultados institucionais da sua luta por poder e se materializaram, por exemplo, na tomada de decisões de suas lideranças (Reed, 2012). Todavia, a perspectiva da face menos aparente do poder possibilita uma análise mais refinada sobre como essa mesma elite organizacional, na sua luta por mais poder dentro e fora da burocracia pública, consegue convertê-lo em exercício de poder político, ainda que isso signifique participar ou influenciar as decisões políticas que conferem funcionamento concreto ao Estado, e não exercício direto do poder político como vem a ser o caso daqueles que exercem mandatos.

No caso do MPF, o controle sobre determinadas posições, especialmente aquelas de cúpula, a partir de onde se interfere no comportamento dos demais integrantes dessa burocracia pública, possibilita ditar o seu funcionamento concreto, o que se refere não apenas ao exercício de poder com traços de uma típica dominação burocrática, mas potencial exercício de poder político, como se sustenta aqui. Por isso, importante que se conheçam as *posições políticas relevantes* nessa estrutura (PGR, CSMPF, CCRs e Corregedoria), e não todas as posições, como assinala o "método posicional" (Mills, 1956), e igualmente importante conhecer quem decide as coisas nesse contexto e como a tomada de *decisões políticas relevantes* podem se materializar em investigações e processos judiciais, e não todas as decisões, conforme o "método decisional" (Dahl, 1958, 1961)[43].

Como salientam Bachrach e Baratz (1962), o modelo elitista enfoca a ocupação de posições concretas no topo da estrutura (Mills, 1956) e o pluralista assume que o poder se reflete em decisões concretas (Dahl, 1958, 1961). Ambos – elitista e pluralista – ignoram a face oculta do poder e tomam como pressuposto a própria questão que está sob investigação (Bachrach & Baratz, 1962). Ao fazer isso, por exemplo, Dahl e aqueles que aceitam a abordagem pluralista não conseguem diferenciar o que eles chamam de "decisões políticas chave" das decisões rotineiras tomadas em uma comunidade (Bachrach & Baratz, 1962: 949).

De modo frequente, esta abordagem acerca da tomada decisões, ou seja, em relação àquilo que se torna público e fora do contexto da burocracia, é a mais enfatizada nos estudos sobre o MP brasileiro, seja nas pesquisas sobre judicialização de políticas públicas, seja no caso das operações policiais, como a "Lava Jato", como se pretende discutir neste capítulo na penúltima seção.

43 Sobre as vantagens e desvantagens dos métodos "posicional" e "decisional", conferir: Perissinotto e Codato (2015).

Muito dessa ênfase se deve à fixação dos trabalhos em um certo tipo de abordagem que não analisa o contexto do MP considerando a sua organização (*design*), que projeta os seus integrantes para atuar em toda a cadeia alimentar de poder, e os caminhos da política que cruzam essa burocracia pública.

Frisa-se que estudar a face menos aparente do poder de uma elite organizacional não anula a mais visível e aparente. A questão é que, como Bachrach e Baratz (1962, 1963) aduzem, antes de se perguntar "quem domina", como fazem os elitistas, ou "quem tem poder", como os pluralistas, deve-se buscar conhecer: *i*) quais são os procedimentos políticos e as regras do jogo político, para então realizar uma investigação minuciosa a respeito de; *ii*) que indivíduos ou grupos ganham com a mobilização de vieses e se algum ou alguns são prejudicados.

Somente depois dessas duas etapas, sugerem os autores, é que se pode investigar a dinâmica das "não decisões", o que não se pretende fazer no presente estudo. Aqui, utiliza-se a "situação de comando" de acordo com os dois objetivos ("*i*" e "*ii*") propostos por Bachrach e Baratz (1962, 1963), o que pode representar um ganho analítico acerca de *como as lideranças organizacionais conseguem converter o poder burocrático em exercício de poder político* pela instrumentalização dos mecanismos institucionais e o que isso tem a ver com o poder de agenda delas.

Vale dizer que, empiricamente, esse tipo de análise sobre os itens "*i*" e "*ii*" sugeridos por Bachrach e Baratz foi testado em diferentes oportunidades em estudos sobre organizações burocráticas e políticas (Headey & Muller, 1996; Dür, 2008; Maclean & Harvey; Chia, 2010), e não cabe revisitar esse material. Contudo, nesses termos ainda não foi realizado em relação a uma organização como o MPF, cuja ação política das suas lideranças gera interferências no funcionamento do sistema político como assinalam os estudos sobre a "Lava Jato" (Avritzer & Marona, 2017;

De Sa e Silva, 2020; Engelmann, 2020; Marona & Kerche, 2021), o que será retomado na discussão deste capítulo.

Desde já se ressalta que, conforme esses estudos sobre a "Lava Jato", os procuradores do MPF sofrem fraco controle por mecanismos formais, como os de *accountability* que são fundamentais no processo normativo de controle democrático da administração pública. Ao contrário de outras democracias, como nos EUA, não são eleitos pelo voto popular, e sim aprovados em concurso público de provas e títulos para um cargo vitalício, realizado pelo próprio MPF.

Os integrantes do MPF traçam estratégias políticas de carreira, dentro (MPF) e fora da burocracia pública (ANPR), sem abandonar a burocracia pública. Essas estratégias se orientam pela agenda de poder que é colocada pelas lideranças dessa organização, o que permanece em um limbo em termos de discussão teórica e análise empírica para questões relacionadas à política e ao exercício de poder.

Falta compreender como se constituiu uma agenda pelas lideranças dessa organização pública em torno do "combate à corrupção", entre as quais as que registram passagem pela ANPR e que tentam ditar o funcionamento do MPF. Isso implica conhecer e entender quais mecanismos institucionais essas lideranças instrumentalizam para converter o poder burocrático em político. Analisa-se, assim, os aspectos-chave da face oculta do seu poder, ou seja, a *engrenagem* que é movimentada e que sinaliza para a capacidade de constituir uma agenda dentro e fora da estrutura de dominação.

Essa agenda precisa ser entendida "a partir do MPF", uma burocracia de Estado, cujos mecanismos institucionais suas lideranças conseguem instrumentalizar para exercício de poder burocrático, mas, também, poder político.

2.3 Quem ocupou posições de cúpula no MPF[44]

A PGR e o CSMPF são os principais órgãos da estrutura do MPF no que se refere ao controle e aos incentivos sobre o comportamento de todos os integrantes dessa burocracia pública. Além deles, as CCRs e a Corregedoria são fundamentais para que os membros do MPF atendam às expectativas das lideranças da organização pública. Em relação às atribuições de cada um desses órgãos e aos aspectos que decorrem do seu controle para a governabilidade e funcionamento concreto do MPF, remete-se ao capítulo anterior, em que esses fatores se encontram descritos e analisados detalhadamente.

No que importa para a presente análise, recorda-se que: os chefes do MPF (PGRs) que serviram desde 1988 registram em suas carreiras passagem pelos órgãos da administração do MPF (CSMPF e CCRs), criados pela Lei Orgânica do MPU (Lei Complementar n. 75/93); os indicados para a PGR com base na lista tríplice da ANPR, entre 2003 e 2017, período em que foi acolhida pelos presidentes da República, são lideranças também da associação. Como revela a carreira dos PGRs, no contexto do MPF a luta pelo controle da organização pública pelas lideranças da ANPR tem início antes do surgimento e acolhimento da sua lista tríplice, já que eles também registram passagem pelos órgãos da administração superior (CSMPF e CCRs).

Ratificando essa constatação, a composição[45] da CSMPF, CCRs e Corregedoria, entre 1993 e 2019, revela um outro achado importante, do ponto de vista da dinâmica política no contexto do MPF atrelada à ANPR. No caso da composição do CSMPF, nesse mesmo período[46],

---

44 Banco de dados construído com base em informações que constam do site oficial do MPF e da ANPR, e de pedido de informação junto à PGR/MPF, que retornou com a composição do CSMPF e das CCRs.

45 As regras sobre a composição desses órgãos do MPF são apresentadas com base na LC n. 75/93.

46 O CSMPF é um órgão composto pelo PGR e o vice-PGR (indicado pelo PGR) como membros natos. Além desses dois integrantes, compõem o órgão mais quatro subprocuradores-gerais da república (sub-PGRs), eleitos pelo Colégio de Procuradores (todos integrantes da carreira do MPF) e mais quatro sub-PGRs eleitos pelos pares do Colégio dos Sub-PGRs (último nível da carreira). Os mandatos no CSMPF são de dois anos, permitida uma reeleição. Essa configuração eleitoral do CSMPF, em duas etapas, Colégio (todos da carreira) e pares (Colégio de Sub-PGRs), permite que a escolha da metade da sua composição seja definida entre os integrantes da cúpula do MPF.

quanto aos segmentos eleitos pelo Colégio de Procuradores (órgão que reúne todos os membros da carreira do MPF), dos 28 conselheiros (N) 86% deles registram atuação política relevante na ANPR (Tabela 6).

Tabela 6. Composição do CSMPF (1993-2019) e posição já ocupada na ANPR – eleitos Colégio do MPF*

Eleitos pelo Colégio	Mandatos no CSMPF	Posição ocupada na ANPR
Gilda Carvalho	4	Vice-Presidente, Diretor
Roberto Gurgel	4	Presidente, Diretor
Sandra Cureau	4	Delegada
Antonio Fernando	3	Vice-Presidente, Diretor
Deborah Duprat	3	-
Rodrigo Janot	3	Presidente, Diretor
Wagner Gonçalves	3	Presidente, Diretor
Aurélio V. Veiga Rios	2	-
Cláudio Fonteles	2	Diretor
Ela Wiecko	2	Presidente
Helenita Acioli	2	-
Mario Luiz Bonsaglia	2	Diretor
Miguel Frauzino	2	Presidente
Paulo de Tarso	2	Diretor
Raquel Dodge	2	Diretora**, Delegada
Alvaro Augusto Costa	1	Presidente
Carlos Frederico Santos	1	Presidente
Elizeta Maria de Paiva	1	Delegada
Eugênio Aragão	1	Diretor
Francisco José Teixeira	1	Presidente, Diretor
Luiza C. Frischeisen	1	Diretora
Maria Eliane M. de Faria	1	Diretora, Delegada
Mônica Nicida Garcia	1	-
Nicolao Dino	1	Presidente, Diretor, Delegado
Nívio de Freitas	1	Diretor
Oswaldo J. B. Silva	1	Diretor
Wagner Mathias	1	Delegado

Elaborada pelo autor. Fonte: MPF e ANPR. *Organizada por quantidade de mandatos, seguido pela ordem alfabética. **Diretoria da Fundação Pedro Jorge, mantida pela ANPR. – indica nenhuma

Entre aqueles que foram escolhidos pelos pares – eleitos pelo Colégio de Sub-PGRs, assim, pelos procuradores no último nível da carreira (recrutamento endógeno pela cúpula do MPF), de todos eles (N = 24) 66% registram passagem pela ANPR, no mesmo sentido da presença marcante de procuradores que registram atuação política destacada também na associação eleitos pelo Colégio do MPF (todos os integrantes da carreira).

Tabela 7. Composição do CSMPF (1993-2019) e posição já ocupada na ANPR – eleitos Pares do Colégio de Sub-PGRs*

Eleitos pelos pares	Mandatos no CSMPF	Posição ocupada na ANPR
Delza Curvello	6	Diretora, Delegada
Maria C. Cintra Santos	6	-
Alcides Martins	5	-
José Flaubert Araújo	4	Delegado
Moacir Morais	4	-
Eitel Santiago	3	Diretor, Conselho Fiscal
Helenita Acioli	3	-
Antônio Aras	2	-
Fávila Ribeiro	2	Delegado
João F. Sobrinho	2	Delegado
José B. B. de Andrada	2	-
Sandra Cureau	2	Delegada
Wagner Mathias	2	Delegado
Antônio Augusto César	1	-
Antonio Fernando	1	Vice-Presidente, Diretor
Brasilino P. dos Santos	1	-
Haroldo Nóbrega	1	Diretor
Hindemburgo C. Filho	1	Delegado
Jair Meira	1	Diretor
José Arnaldo	1	Diretor, Tesoureiro
Lindôra Maria Araújo	1	Diretora
Paulo Campos	1	Delegado
Paulo de Tarso	1	Diretor
Wagner Natal	1	Delegado

Elaborada pelo autor. Fonte: MPF e ANPR. *Organizada por quantidade de mandatos, seguido pela ordem alfabética.
– indica nenhuma

Cabe frisar que não se trata de qualquer tipo de atuação na ANPR, pois os integrantes do CSMPF com atuação política relevante também na associação registram passagem pelas posições de topo da ANPR: presidência, diretoria e delegados (Tabelas 6 e 7)[47]. Entre eles, destacam-se os casos de Miguel Frauzino, Alvaro Augusto Costa, Roberto Gurgel, Francisco Teixeira, Wagner Gonçalves, Rodrigo Janot, Ela Wiecko, Carlos Frederico Santos e Nicolao Dino, que presidiram a ANPR. Portanto, não se trata de qualquer "tipo de procurador"[48] que registra atividade política também pela associação, ou de mero associativismo, mas de lideranças políticas dos procuradores e que ocuparam posições de cúpula no MPF e na ANPR.

Na mesma linha dessa constatação quanto à composição do CSMPF, a composição das CCRs apresenta uma maioria significativa de integrantes com atuação política relevante na ANPR, o que não surpreende. Afinal, 2/3 (dois terços) das CCRs foram escolhidos pelo CSMPF e 1/3 (um terço) por PGRs, que também atuaram na associação. Ainda que não seja possível estabelecer uma correlação, os dados mostram como essas coisas – leia-se, contexto do MPF e da ANPR e dinâmica política que permeia as duas organizações – andam próximas. Entre 1998 e 2019, a composição das CCRs, considerando os titulares, registra 64% de membros com atuação nas posições de topo da associação privada[49].

---

47 A pesquisa mapeia as posições de topo da associação. Significa que outras formas de atuação política, como organização de eventos e participação em congressos, em nome da ANPR, que, eventualmente, implicam também em socialização política dentro e fora do MPF, não entram na discussão deste capítulo.

48 Em analogia ao "tipo de pessoa" de Mills (1956). Em "The Power Elite" (1956), Mills aduz a importância da origem social, da circulação nas altas rodas, enfim, o acúmulo de relações sociais para proporcionar certo tipo de comportamento e "credencial" para aqueles que ocuparão as posições de comando na estrutura social. Nesse sentido, conhecer quem ocupa as posições de mando ajuda a entender etapas de socialização a que são submetidos os indivíduos que traçam estratégias políticas de carreira de ascensão rumo ao topo da organização.

49 As CCRs são compostas por três titulares, sub-PGRs, preferencialmente, sendo que um é indicado pelo PGR e outros dois pelo CSMPF, para mandato de dois anos. Também, integram três suplentes, escolhidos de igual forma. No caso dos suplentes, 54% registram passagem pelas posições de topo da ANPR. Considerando titulares e suplentes, 60% registram esse mesmo tipo de passagem pela associação. O início das atividades das CCRs ocorreu em 1998. Os dados da composição Câmaras foram obtidos via solicitação junto à PGR em 2019 e confrontados com informações públicas, constantes, inclusive, no site da ANPR em relação às posições ocupadas na associação.

No caso da Corregedoria do MPF[50], a situação é semelhante à do CSMPF e das CCRs, até porque cabe ao primeiro colegiado votar uma lista tríplice da qual o PGR indica o corregedor. Chama atenção que, dos 11 corregedores do MPF desde 1993, 90% registram passagens política relevantes na ANPR (diretorias e delegados), ou seja, novamente uma maioria expressiva de lideranças políticas, agora no órgão que deve exercer a função de correição dos membros do MPF (Tabela 8).

Tabela 8. Composição da Corregedoria do MPF (1993-2019) e atuação na ANPR*

Corregedores(as) do MPF	Mandato(s)	Período	Posição ocupada na ANPR
Eduardo A. Dantas Nobre	2	1997/2001	-
Hindemburgo C. Filho	2	2013/2017	Delegado
Nelson Parucker	2	1993/1997	Conselheiro Fiscal
Wallace de O. Bastos	2	2006/2009	Delegado
Edinaldo de H. Borges	1	2002/2003	Delegado
Ela Wiecko	1	2009/2011	Presidente
Eitel Santiago	1	2005/2006	Diretor, Conselho Fiscal
Eugênio Aragão	1	2011/2013	Diretor
Oswaldo J. B. Silva	1	2017/2019	Delegado
Wagner Gonçalves	1	2003/2005	Presidente, Diretor
Yedda de L. Pereira	1	2001/2002	Delegada

Elaborada pelo autor. Fonte: MPF e ANPR. *Organizada por quantidade de mandatos, seguido pela ordem alfabética.
– indica nenhuma

Assim, em relação à composição das posições superiores do MPF (CSMPF, CCRs e Corregedoria), esse quadro até aqui delineado pode perfeitamente ser entendido como uma "situação de comando" (Reed, 2012) exercida pelas lideranças organizacionais, como são as ocuparam posições politicamente relevantes também na ANPR. Se existe um grupo que buscou controlar o MPF, esse é o grupo de "procuradores políticos" com trajetória destacada também na ANPR. Considerando que esse o ambiente

50 O corregedor-geral é escolhido pelo PGR entre os sub-PGRs, último nível da carreira do MPF, que integram uma lista tríplice elaborada pelo CSMPF, para exercício de mandato de dois anos, renovável uma vez.

do MPF não neutro ou alheio à disputa pelo poder entre os indivíduos e diferentes grupos, inclusive dentro da própria ANPR, fato é que os integrantes com atuação política na associação se organizam para ocupar as posições formais superiores na estrutura pública. Na sequência, alguns problemas de ordem teórica e empírica serão discutidos sobre esses aspectos.

2.4 Discussão: "não-decisões" e o poder de agenda das lideranças dos "procuradores políticos"

A imbricação intensa entre as posições superiores do MPF e a ANPR é evidente na composição dos órgãos superiores da estrutura pública ao longo do tempo. Para compreender as implicações da "situação de comando" (Reed, 2012) das lideranças MPF/ANPR no contexto da burocracia de Estado e o que essa "situação" revela em termos tanto de temas que podem ser negligenciados e de conversão do poder burocrático em poder político, a discussão precisa abarcar conjuntamente: *i*) o *design* do MPF e; *ii*) a dinâmica política que lhe confere governabilidade e funcionamento concreto.

O primeiro ponto a se frisar é que o *design* do MPF definido pela CF/88 e a LC n. 75/93 e as atribuições dessa burocracia presentes nesses e outros estatutos de leis são entendidas como espaço formal de ação que autoriza os integrantes do MPF a atuarem em toda a cadeia alimentar de poder. A respeito, a Assembleia Nacional Constituinte projetou o MPF para exercer o monopólio da ação penal e a defesa de direitos na esfera federal, sejam estes ligados à cidadania, ao consumo, ao meio ambiente, à saúde ou à probidade administrativa. No mesmo sentido, uma série de estatutos jurídicos foi aprovada pelo Congresso Nacional desde 1988 e vem ampliando ainda mais esse espaço formal de ação.

A principal implicação disso é que, praticamente, não há esfera da vida social que escapa da atuação dos integrantes dessa burocracia pública. Em termos de poder, esse amplo espaço formal de ação precisa ser compreendido como possuindo implicações para a constituição de uma agenda pelas lideranças MPF/ANPR e para o funcionamento do Estado brasileiro, nas suas dimensões política, econômica e social.

Ainda quanto ao primeiro aspecto (*design*), mas incluindo a dinâmica política que confere governabilidade ao MPF, conforme o "método posicional" (Mills, 1956) a "situação de comando" das lideranças MPF/ANPR é evidente a partir da composição do topo da estrutura pública (MPF), que elas logram êxito em ocupar por décadas. Esse êxito não se faz sem política – e esse é um ponto central: o MPF não é um ambiente apolitizado ou neutro, pelo contrário, observam-se disputas para ocupar as posições relevantes dessa burocracia a fim de ditar-lhe o rumo.

Entre as principais atribuições das posições politicamente relevantes, além da movimentação e o concurso para ingresso na carreira e a chancela sobre acordos e desfechos em investigações cíveis e criminais, está a possibilidade das lideranças que ocupam o topo do MPF – algumas delas eleitas por todos os integrantes da classe e outras escolhidas em um processo endógeno pela cúpula (CSMPF, CCRs e Corregedoria) – de designar procuradores específicos (poder discricionário) para atuar perante o STF, o TSE, o STJ, os TRFs e TREs[51].

O que se quer ressaltar é que tanto as lideranças MPF/ANPR como os procuradores designados por elas para posições do MPF atuam em investigações e se manifestem em ações, cíveis e criminais, que dizem respeito a interesses de ordem política, econômica e social, em âmbito nacional, subnacional e local – ressalta-se: toda cadeia alimentar de poder na federação. Assim, a possibilidade de constituição de uma agenda no MPF

51 Nesse ponto, por mais que posições respeitem a critérios objetivos, definidas, por exemplo, pela Resolução n. 104 do CSMPF de 2010, como no caso da atuação perante o STJ por antiguidade entre os Sub-PGRs, diversas posições sensíveis do MPF, politicamente falando, são ocupadas por designados, inclusive junto à Corte Especial do STJ. Esses procuradores são designados pelas lideranças que ocupam o topo da administração, a exemplo dos procuradores da República que assessoram os sub-PGRs que oficiam ao STF, ao TSE e ao STJ.

relaciona-se ao resultado da luta travada pelas lideranças para ocupar posições no topo nessa burocracia.

Controlar CSMPF, CCRs e Corregedoria, ainda que seja por maioria nos órgãos colegiados e poder influências as ações correcionais, importa para a constituição de uma agenda de poder, dentro e para além do MPF, e será definida pelas lideranças a partir das posições que ocupam no topo desta burocracia. Ainda que procuradores de piso, ou seja, que ocupam posições iniciais e intermediárias na carreira participem das decisões, estas são formalizadas no topo e precisam da anuência dos superiores.

A agenda das lideranças do MPF que ocupam posições no topo dessa estrutura pode incluir, eventualmente, por exemplo, a sobreposição da União em relação aos Estados e municípios, devido à assimetria de controle sobre a administração pública que persiste entre esses entes na federação[52]. Menciona-se também que as lideranças MPF/ANPR e os designados por elas atuam perante os Tribunais (STF, TSE, STJ, TRFs e TREs), em que se apresentam como investigados e réus uma enorme gama de agentes políticos (governadores, senadores, deputados federais e prefeitos).

Evidentemente, para compreensão acerca da "situação de comando" das lideranças MPF/ANPR e do seu poder de agenda a partir da ocupação de posições no topo do MPF, não se podem afastar os contornos das disputas de poder intra-elites do MP brasileiro, que está organizado na União[53] e nos Estados. A importância desse aspecto está aqui porque no âmbito do CNMP prestigia-se uma maioria de integrantes do MP da União (MPU), proporcionalmente falando. Além disso, a presidência do CNMP é exercida pelo PGR, chefe do MPU e do MPF (vide CF/88), e ele exerce poder de agenda de controle sobre os MPs (União e Estados), como já apontado pela literatura (Almeida, 2010).

52 Essa assimetria se contata no controle da administração pública pelo MPF, em relação aos Estados e municípios, a partir da União, e não no sentido inverso, pois o MP não está organizado nos municípios e os MPs estaduais não exercem controle da administração pública da União.

53 Integram o MP da União (MPU): MPF, MP do Trabalho (MPT), MP Militar (MPM) e MP do Distrito Federal e Territórios (MPDFT).

Captando os efeitos mais visíveis desse quadro até aqui delineado, que dimensiona o espaço formal de ação das lideranças MPF/ANPR, dentro e fora do MPF, e inclusive sobre o MP brasileiro a partir do CNMP, a maior parte dos estudos se atém aos aspectos aparentes da discussão que envolve questões do exercício de poder. Como a discussão teórica de fundo desses estudos está na mudança institucional e nos efeitos concretos das formas de atuação, sem abarcar a disputa pelo poder e a dinâmica política organizacional, expressam mais aspectos institucionais que se referem ao poder burocrático. Assim tratam das *tomadas de decisões* dos integrantes da organização pública em acordos, investigações e ações judiciais, e que, portanto, tornam-se públicas, conforme se poderia argumentar pelo "método decisional" (Dahl, 1958, 1961).

As *tomadas decisões* são o foco das análises desde os trabalhos mais pioneiros e que são referência, até os mais recentes sobre o combate à corrupção e a "Lava Jato" (sem esgotar: Arantes, 2002; Arantes *et. al.*, 2010; Kerche, 2009; Arantes & Moreira, 2019; Marona & Kerche, 2021). Para a discussão que se faz aqui, esses mesmos estudos atestam como os membros do MPF atuam nas mais diversas áreas, em diferentes momentos, e como essa atuação se desdobra em temas políticos, econômicos e sociais.

Do mesmo modo, as pesquisas sobre judicialização e atuação extrajudicial do MP em políticas públicas centram atenção nos efeitos dos processos judiciais e da atuação extrajudicial, quanto à formulação e a implementação das políticas de saúde, educação, meio ambiente etc., inclusive discutindo os problemas que decorrem para separação de poderes (Silva, 2001; Vianna, 2002; Casagrande, 2008; Mcallister, 2008; Carvalho & Leitão, 2010; Maggio, 2018; Oliveira, 2019; Rodrigues, 2020; Silveira *et. al.* 2020; Vasconcelos, 2021). Assim fazendo, ratificam que os integrantes do MPF não só fiscalizam a administração pública, mas são capazes de elaborar políticas públicas substanciais no lugar dos gestores públicos, ainda que esta elaboração não seja uma atribuição formalmente prevista nos estatutos jurídicos, mas algo que resulta da interferência desses agentes em toda a cadeia de poder.

Salienta-se que todos esses estudos sinalizam para a capacidade de constituir uma agenda no contexto do MP, como no caso do combate à corrupção e de temas mais frequentes na defesa de direitos, como em matéria de saúde pública. Todavia, não fornecem elementos para explicar como seria possível esse tipo de movimento organizado, seja porque nesses estudos o MP é um ambiente pouco hierarquizado, seja porque a independência funcional é relevante ao ponto de enxergar o risco de que cada membro do MP se constituir um potencial MP.

Não obstante, a priorização de determinadas áreas de atuação, como corrupção e saúde pública, em detrimento de outras, conforme atesta vasta literatura sobre o MP brasileiro já produzida, sugere ao mesmo tempo o *negligenciamento* de temas e formas de atuação. Ou seja, é latente a possibilidade de "não-decisões" nesse contexto, embora nesses estudos não se adentre nessa discussão, em termos da constituição de uma agenda e exercício de poder.

Em um trabalho sobre o desenvolvimento das capacidades institucionais no âmbito MPF entre 1988 e 2018 (Londero, 2021)[54], engloba-se essa discussão. Nesse caso, evidencia-se a constituição de uma agenda de combate à corrupção pelo MPF, mostrando empiricamente como os recursos (pessoal, administrativo, treinamento, operacional, logístico etc.) foram destinados para determinadas áreas em detrimento de outras, ou seja, priorizando a atuação dos procuradores da República de determinada maneira e em relação a temas específicos.

54 Sobre o desenvolvimento de capacidades estatais no âmbito do MPF, no mesmo sentido, conferir, também, o trabalho de Vilaça (2017). A tese de Londero (2021) é mais completa em relação aos que é discutido neste capítulo, por isso é tratada com mais detalhes. A discussão teórica de fundo em Londero (2021) se atém às perspectivas de mudança institucional, assim é que operacionaliza variáveis sobre o desenvolvimento de capacidades estatais de combate à corrupção pelo MPF. Na explicação propriamente dita, quanto a esse desenvolvimento, de um lado (fatores exógenos) os recursos são disponibilizados ao órgão de acordo com a tomada de decisões de atores e instituições externos (basicamente, Poderes Legislativo e Executivo), de outro (fatores endógenos) as decisões administrativas internas não dependem dos atores externos para serem concretizadas (LONDERO, 2021).

Esse estudo oferece uma rica análise empírica sobre como o MPF, priorizando certos temas e áreas de atuação, notadamente o combate à corrupção, *negligencia* outras igualmente relevantes, como em matéria de direitos coletivos (Londero, 2021), em que pese a discussão não seja colocada nesses termos de poder de agenda por suas lideranças.

O referido estudo destaca a possibilidade de mobilização institucional em torno da agenda de combate à corrupção, dedicando-se à análise das decisões administrativas e a relação do MPF com a sociedade e os meios de comunicação, bem como com os demais órgãos que compõe a rede de *accountability* (Londero, 2021). Não avança sobre os mecanismos institucionais que são instrumentalizados pelas lideranças do MPF, repisando: as lideranças que atuam no contexto (MPF/público) e fora (ANPR/privado) da burocracia pública.

É compreensível que os estudos sobre o MP não tenham avançado sobre os mecanismos institucionais que são instrumentalizados pelas lideranças corporativas do MP na luta destas por mais orçamento, aprovação de leis, em suma, por mais poder burocrático. Isso ocorre porque esses estudos maximizam sobremaneira aspectos da autonomia formal do MP e o este como um contexto quase *impermeável* para questões relacionadas à política externa (à organização), ou seja, às estruturas de poder político e social que incidem sobre o MP. Não se atentam para fatores persistentes no contexto dessa burocracia, que resistem às mudanças nos estatutos jurídicos, como pode vir a ser a capacidade que lideranças corporativas têm de se organizar e se reproduzir para ocupar posições no MP e decidir sobre designações, o orçamento e o concurso para ingresso na carreira.

Na linha de pesquisa de elite jurídicas, a luta pela institucionalização do MP em um quadro de disputa entre integrantes das carreiras jurídicas recebe considerável atenção (Bonelli, 2002; Almeida, 2010). Nessa linha, destacam-se as formas de interação com o poder político e de aprendizado institucional que decorrem da agenda anticorrupção, incluindo a internacionalização dessa agenda e o papel das elites jurídicas ligadas ao MPF na sua constituição, desde os anos 2000 (Engelmman & Pilau, 2021). Discute-se a implementação da agenda anticorrupção levada a efeito no Brasil, explicitando como ela se conformou em sintonia com organismos internacionais[55], e encontrou nos governos Lula espaço para implementação da Estratégia Nacional de Combate à Corrupção e à Lavagem de Dinheiro (ENCCLA).

Os estudos sobre elites jurídicas apresentam importante contribuição que permite chegar a esta discussão, sobre a face oculta do poder no MPF, em comparação com os outros trabalhos mais restritos ao controle democrático da burocracia. Por mostrarem justamente como ocorre a interação entre agentes e instituições do sistema de justiça com o poder político e econômico (Engelmman & Pilau, 2021), colocam os "procuradores políticos", ainda assim não os chamem, em um lugar mais central na explicação sobre as práticas dos membros do MP e exercício de poder por sus lideranças. No mesmo sentido, quanto aos avanços que permitem colocar os problemas que aqui são discutidos, um trabalho sobre a administração da justiça que conjuga essa análise de elites mostra como o contexto do MP é *permeável* para questões políticas e sociais e, também, como essa burocracia não opera alheia à estrutura de poder local, no caso do MP de São Paulo (Zaffalon, 2017).

Entrementes, todos esses aspectos analisados e debatidos pela literatura de elites jurídicas são enfatizados pelo prisma das decisões, conforme se poderia argumentar pelo "método decisional" (Dahl, 1958, 1961). Dito de outro modo, o enfoque segue no resultado das conquistas corporativas e como ele (o resultado,

55 O combate à corrupção entra com força na agenda dos organismos internacionais, ainda na década de 1990, como Banco Mundial, Fundo Monetário Internacional (FMI), Organização das Nações Unidas (ONU), Organização dos Estados Americanos (OEA) e Organização para a Cooperação e Desenvolvimento Econômico (OCDE). Esses mesmos organismos passam a promover essa agenda junto aos governos dos diferentes Estados nacionais (ENGELMMAN; PILAU, 2021; MARONA; KERCHE, 2021). Essa pressão internacional tem muito a ver com os custos que os índices de percepção de corrupção trazem para os investidores, ou seja, para a segurança na circulação internacional dos capitais (BRATSIS, 2014).

geralmente interpretando-o como institucionalização e aprendizado institucional) se reflete nas *tomadas de decisões* dos burocratas em investigações e processos judiciais, e não propriamente em relação ao *negligenciamento* de temas igualmente relevantes para a sociedade brasileira, como, por exemplo, políticas públicas substanciais que não entram na agenda do MPF.

Falta analisar etapas anteriores da luta política das lideranças organizacionais, etapas estas que antecedem à tomada de decisão, como vem a ser o movimento organizado e voltado para ocupar posições superiores no MPF, e ser designado para atuar perante organismos internacionais e nacionais. Ressalta-se, assim, que é preciso avançar sobre os elementos que permitem entender *como* as lideranças de uma organização pública formalmente autônoma têm capacidade de constituir uma agenda de poder no seu contexto (MPF), e como isso se desdobra para além do seu contexto, e se converte, eventualmente, como exercício de poder político por essas lideranças.

O que se está salientando, de acordo com a "situação de comando" das lideranças MPF/ANPR, é que o controle sobre os mecanismos institucionais do MPF por elas, a partir das suas posições superiores, como são CSMPF, CCRs e Corregedorias, e não qualquer posição inferior – em termos de atribuições – nessa estrutura, possibilita-lhes a conversão do seu poder burocrático em exercício de político.

De maneira geral, os estudos sobre o MP pelos ângulos da Ciência Política e Administração Pública atestam que a luta das lideranças dessa organização pública se trata de uma *luta por mais poder burocrático,* mas expressam também, ainda que não tratem nesses termos, *uma luta por poder político,* e não mera interação – e esse é o ponto central nesta discussão.

A "situação de comando" das lideranças MPF que registram atuação destacada na ANPR (presidência, diretorias e delegados) afeta o comportamento dos demais integrantes da organização:

ocupar posições relevantes politicamente no MPF é uma etapa da luta por poder, que legitima as lideranças (na expressão do seu poder burocrático) na *tomada de decisões*. Estas decisões se referem: à distribuição de recursos pessoal e técnico, à movimentação dos procuradores da República na carreira, à punição dos desvios, à chancela ou não em acordos e desfechos em investigações, em suma, ditar o funcionamento concreto da burocracia pública.

Nesse sentido, a "situação de comando" das lideranças do MPF/ANPR é uma realidade que precisa ser encarada não apenas como mera luta por poder burocrático. A luta travada em dois espaços, público (MPF) e privado (ANPR), precisa ser entendida como tendo implicações políticas e sociais que merecem atenção, já que sugere a existência de imbricações intensas entre uma estrutura de dominação (*locus* do exercício de poder institucionalizado) e o mundo privado. Portanto, trata-se de uma confusão público/privado – um problema sociopolítico, e não jurídico, frisa-se – relacionada não apenas ao *design*, mas também à governabilidade da burocracia pública e aos caminhos da política que a cruzam, e que estão diretamente relacionados ao seu funcionamento.

Os estudos mais destacados sobre o MP brasileiro, salientando a autonomia formal da organização em relação ao governo, bem como salientando o amplo espaço formal de ação dos integrantes dessa burocracia e as possíveis interações com o poder político, exploram as "decisões" que se materializam em investigações, acordos e processos judiciais. Todavia, as "decisões", como resultado de uma agenda de poder, precisam ser compreendidas atreladas à luta política por controlar posições relevantes na burocracia pública. Luta política que se faz de forma organizada e que se orientam pelas estratégias de carreira política dos seus integrantes, que se realizam dentro (MPF) e fora da estrutura pública, como no caso da ANPR – ainda que esta, a associação, não seja a única forma de se fazer política fora do MPF.

Os dados sobre a trajetória dos PGRs que ocuparam o cargo desde 1988 e sobre a composição do CSMPF, CCRs e Corregedoria, ratificam essa afirmação, inclusive a trajetória política de Augusto Aras, indicado fora da lista da ANPR para a PGR, que registra importantes passagens por órgãos da administração pública, próximos dos setores econômicos, por exemplo, junto ao Conselho Administrativo de Defesa Econômica (CADE).

Em suma, as carreiras dos PGRs que serviram desde 1988 e a composição das posições superiores do MPF (CSMPF, CCRs e Corregedoria) revelam que a política nesse contexto se realiza dentro e fora da organização pública. Como uma radiografia dos últimos 30 anos, este estudo fornece elementos para afirmar que a luta intra-elite, ou seja, entre os integrantes da burocracia pública, explicita uma verdadeira "situação de comando" pelas lideranças da ANPR que se organizam para controlar o MPF. Em termos da constituição de uma agenda de poder, esta "situação de comando" envolvendo agentes com *trânsito* entre os espaços público e o privado pressupõe a interação da elite organizacional, que busca controlar a estrutura de dominação, com diferentes atores e instituições (governo, políticos profissionais, partidos políticos, grupos organizados da sociedade, terceiro setor, a mídia etc.). Logo, é preciso considerar que essa também é uma luta extra-elite, não circunscrita ao MPF e ao sistema de justiça.

Dito de outro modo, esse *trânsito* entre os mundos público e o privado sugere que as fortes imbricações dos caminhos da política vão além do contexto do MPF e do sistema de justiça não se encontram dissociados: *i*) da governabilidade do MPF e do seu funcionamento concreto, considerando a lógica das designações e a luta por ocupar posições políticas relevantes nessa burocracia, e; *ii*) das relações de poder que se estabelecem entre as suas lideranças, especialmente as com atuação destacada na ANPR, com outros instituições (públicas e privadas) e a sociedade organizada (notadamente o mundo privado).

A lógica das designações no MPF para posições políticas na sua estrutura está por trás da sua governabilidade e é central para compreender o sentido político da ação dos seus integrantes, dentro e fora da burocracia pública. Entre os integrantes que ocupam posições de confiança, e eles são centenas, como são os designados para operações de combate à corrupção, participam do jogo político com repercussão interna, mas, também, fora do MPF. Entre aqueles com passagem nas posições de cúpula da ANPR, é plausível que tracem estratégias políticas de carreira dentro (MPF) e fora da burocracia pública (ANPR), e fazem isso sem abandonar o cargo de procurador. Igualmente, plausível que, no desenvolvimento dessas estratégias, atendam às expectativas dos superiores (que ocuparam a PGR, CSMPF, CCRs e Corregedoria, a maioria com significativa passagem pela associação nas últimas décadas) capazes de destituir-lhes dos cargos de confiança na administração do MPF, pois não são estáveis nessas posições para as quais foram designados.

Assim, o funcionamento concreto do MPF precisa ser pensado conforme o *design* e os caminhos da política que atravessam a organização pública, portanto, como expressão da combinação entre "*storage and holding of power*" com o "*exercise and mobilization of power*" (SCOTT, 2008). Nesses termos, razoável pressupor que as lideranças do MPF/ANPR possam implementar uma agenda de poder que se volta exclusivamente para os fins estatutários do MPF, estritamente para o exercício do poder burocrático. Mas isso parece pouco provável, até pelo que a democracia brasileira presenciou nos últimos anos, conforme a literatura que trata da "Lava Jato" (sem esgotar: Avritzer & Marona, 2017; De Sa e Silva, 2020; Engelmann, 2020; Marona & Kerche, 2021).

A conversão do poder burocrático em político é possível, no contexto do MPF, por instrumentalização dos mecanismos institucionais pelas suas lideranças, ocupando *posições de cúpula* na burocracia pública. Essa conversão se expressará tanto pelas *tomadas de decisões* como em relação ao *negligenciamento* de temas que não se tornam públicos (hipótese de "não-decisões") – é importante reter isso.

Por exemplo: ao designar procuradores específicos de confiança, e não outros, para atuar perante o STF, TSE e o STJ. Quanto aos governadores, estes gozam de foro preferencial no STJ, onde atuam lideranças do MPF e designados, que podem tanto decidir (investigar e processar) em um determinado sentido, como *negligenciar* fatos e pessoas, arquivando investigações e realizando acordos e transações, que não se tornam públicas (hipótese de "não-decisões").

As lideranças do MPF, por seus designados, decidem a favor, por exemplo, da propositura de ações diretas de controle de constitucionalidade, em resposta à produção legislativa do Congresso Nacional (União) e em face dos Estados[56], mas podem *omitir-se* em relação a pontos específicos dessa legislação, *negligenciando* temas que afetem, eventualmente, estratégias políticas de carreira e o seu projeto de poder, tudo isso sem que sofram sanções, pois controlam os mecanismos institucionais de onde parte controle e punições (hipótese de "não-decisões").

No caso da agenda de combate à corrupção, a discussão precisa tratar de alguns detalhes, devido às suas implicações. O espaço formal de ação dos procuradores, definido pelos estatutos de leis, mudou consideravelmente nos últimos anos. Essa agenda ampliou ainda mais o poder burocrático das lideranças MPF/ANPR e precisa ser entendia como se constituindo expressão da luta delas por poder político, sem que precisassem abandonar a burocracia pública.

Os procedimentos investigatórios criminais conduzidos por integrantes do MPF recebem controle pelo CSMPF, CCRs

---

56 As ações dos procuradores designados, atendendo às lideranças da organização, eventualmente para indeferir ou não dar seguimento a denúncias criminais contra governadores, senadores e deputados federais, indeferir ou não dar seguimento a denúncias eleitorais contra governadores e prefeitos, indeferir ou não questionamentos sobre a constitucionalidade de leis e atos administrativos, repercutem na arena político-partidária e sobre o modelo federativo brasileiro.

e Corregedoria e, também, do Poder Judiciário federal. Este defere ou não medidas pleiteadas no curso das investigações, homologa ou não o arquivamento. Cabe frisar que a palavra final em direito penal, ou seja, em relação monopólio da violência legítima do Estado, é do MP. Importante mencionar que a CF/88 não se refere ao MPF como órgão de investigação policial, pelo contrário, deveria exercer o controle externo da atividade policial.

Nesse aspecto, os procedimentos criminais investigatórios para o MPF não estavam, até pouco tempo, previstos no CPP (Decreto – Lei n. 3.689 de 1941). A primeira regulamentação ocorreu pelo CNMP, um órgão administrativo que deveria realizar o controle externo do MP brasileiro, e que, lembrando, é presidido pelo PGR, chefe do MPF, objeto deste estudo.

O CNMP expediu a Res. n. 181 durante o mandato do PGR Rodrigo Janot, o mesmo que deu início à "Lava Jato" e que designou os seus primeiros integrantes. Como resultado da agenda de combate à corrução, alterações importantes foram inseridas no CPP junto ao chamado "Pacote Anticrime" (Lei n. 13.964 de 2019), uma das bandeiras "lava-jatistas" capitaneadas pelo ex-ministro da Justiça e ex-juiz da "Lava Jato", Sergio Moro.

Ressalta-se, com isso, que a reforma na legislação fez prever aspectos da Resolução n. 181 do CNMP no artigo 28 do CPP, que agora consta a seguinte redação:

> Art. 28. Ordenado o arquivamento do inquérito policial ou de quaisquer elementos informativos da mesma natureza, o órgão do Ministério Público comunicará à vítima, ao investigado e à autoridade policial e encaminhará os autos para a instância de revisão ministerial para fins de homologação, na forma da lei.
>
> § 1º Se a vítima, ou seu representante legal, não concordar com o arquivamento do inquérito policial, poderá, no prazo de 30 (trinta) dias do recebimento da comunicação, submeter a matéria à revisão da instância competente do órgão ministerial, conforme dispuser a respectiva lei orgânica. (Brasil, 2019)

Por "órgãos de revisão ministerial" e "instâncias competente do órgão ministerial" entendam-se CSMPF e CCRs, no caso do MPF. Não bastasse, uma das principais alterações no CPP pelo "Pacote Anticrime" reproduziu outro ponto da Res. n. 181 do CNMP, sobre a possibilidade de o integrante do MPF realizar acordos em matéria penal. Trata-se do chamado *"plea bargain"*, de origem norte-americana, o que, ao tempo da resolução era vedado no ordenamento jurídico brasileiro. De acordo com o "Pacote Anticrime", para esse acordo criminal se prevê uma série de requisitos, porém o fundamental é que o preenchimento desses requisitos fica a critério do membro do MPF e de seus superiores (CSMPF e CCRs), e, posteriormente, deverá ser homologado perante o Poder Judiciário.

A mudança na legislação ampliou o espaço formal de ação e reforçou o poder dos órgãos administrativos internos (CSMPF e CCRs), em detrimento do controle formal externo em matéria criminal. Essa mudança decorre, portanto, da luta organizada dos membros do MP na agenda anticorrupção, leia-se, no caso deste estudo: das lideranças MPF/ANPR. Essa mudança na legislação resultou em mais poder burocrático, possível de conversão por essas lideranças em exercício de poder político.

Na prática, basta pensar que as investigações podem ou não ser iniciadas, acordos criminais em matéria eleitoral podem ou não ser celebrados pelos designados, com anuência dos superiores, e que isso pode coincidir com uma dada conjuntura política e variar conforme o caso concreto. Esse é, no mínimo, um imensurável poder de barganha, oculto, que pode se voltar para a organização pública (MPF), na forma de orçamento, legislação, estrutura humana e física, mas, também, em sentido negativo para o sistema político, por exemplo, afastando um candidato de eleições enquanto lidera pesquisas de opinião, e poupar outros, em condições semelhantes.

Não se trata de mera ilação ou tom conspiratório, de fato *issues* foram negligenciados e uma agenda política foi colocada em prática, ainda que os estudos assim não se refiram expressamente (De Sa e Silva, 2020; Engelmann, 2020; Londero, 2021)[57]. Não é demais lembrar que, com sucessivas intervenções, valendo-se desses procedimentos criminais e processos judiciais, a "Lava Jato" minou a coalizão partidária que sustentava o governo federal ao ponto de ser entendida como fundamental no *impeachment* de Dilma Rousseff e, posteriormente, na eleição de Bolsonaro, um conhecido político de extrema-direita (Avritzer & Marona, 2017; Setzler, 2020; Marona & Kerche, 2021)[58].

No caso da atuação em defesa de direitos (área cível), o controle ocorre pelos órgãos da administração superior do MPF (CSMPF e CCRs). A principal e ainda vigente regulamentação sobre essa atividade é a Lei de Ação Civil Pública (LACP – Lei nº 7.343 de 1985) e, de acordo com ela, o MPF pode ajuizar ações civis públicas para defesa de interesses difusos e coletivos (Arantes, 2019). Nesse aspecto, destaca-se a atividade que ocorre nos inquéritos civis, antes do ajuizamento da ação, os quais os integrantes do MP podem instaurar com exclusividade. Em relação a isso, enfatizou-se que o inquérito civil representa "um poderoso instrumento de investigação, no curso do qual eles reúnem informações rumo à propositura da ação e, às vezes, utilizam-no como forma de pressão para soluções extrajudiciais dos conflitos" (Arantes, 2002: 73).

Contudo, em que consiste essa "forma de pressão"? Uma vez avançado sobre o *design* e os caminhos das políticas que cruzam o MPF, parece razoável que essa "forma de pressão" pode expressar

---

57 As revelações trazidas pelas "Vaza Jato" trouxeram um pouco de luz sobre a face oculta do poder no MPF, por exemplo sobre quem "melindrar" publicamente ou não, ou seja, sobre quando se deixa de agir, no sentido de "não-decisão" (BACHRACH; BARATZ, 1962), para beneficiar possíveis aliados políticos dentro e fora da burocracia pública, instrumentalizando os mecanismos institucionais em certa direção política, e não em outra. Conferir: https://theintercept.com/2019/06/18/lava-jato-fingiu-investigar-fhc-apenas-para-criar-percepcao-publica-de-imparcialidade-mas-moro-repreendeu-melindra-alguem-cujo-apoio-e-importante/ (Acesso em: 10 ago. 2020).

58 Em relação ao conteúdo das investigações, o MPF se voltou para o combate à corrupção na última década, configurando, claramente, uma agenda política, embora não haja determinação legal para que a sua atuação se dê nesse tema em detrimento de outras áreas, como saúde, educação, habitação e urbanismo, infância e juventude. Os procedimentos sobre corrupção foram instaurados pelo MPF pelo menos duas vezes mais do que em relação a outras áreas. De um ano para o outro, entre 2015 e 2016, houve um aumento em nove vezes do número de procedimentos sobre corrupção (KERCHE; VIEGAS, 2020).

exercício do poder político, assim como ocorre na instrumentalização dos procedimentos criminais, a depender da conotação que assumam, da conjuntura política e do caso concreto.

Atualmente, os acordos em matéria de corrupção precisam da chancela dos superiores do MPF, ou seja, suas lideranças que ocupam posições politicamente relevantes nessa burocracia. Há não muito tempo esses acordos eram vedados pela Lei n. 8.429 de 1992 (LIA).

Foi novamente durante a gestão de Rodrigo Janot no MPF e no CNMP, com a expedição da Res. n. 179/2017 do CNMP, que os membros do MP foram autorizados a realizar esses acordos contra a lei ainda vigente. Ou seja, o órgão que deveria exercer o controle externo do MP, que tem uma maioria na sua composição de membros do MP, no caso o CNMP expede resolução contra lei vigente. Paradoxalmente, o "guardião" da ordem jurídica, o MP, atua contra a ordem jurídica.

A situação foi contornada mais uma vez no "Pacote Anticrime", que reproduziu a Res. n. 179 do CNMP e alterou a Lei de Improbidade Administrativa (LIA) para possibilitar os acordos em corrupção. Assim, um projeto de lei criminal alterou aspectos de uma legislação aplicada à seara cível.

Esses eventos que resultaram em mudanças legislativas precisam ser entendidos como resultado de uma mesma agenda política, que ampliou o espaço de ação (discricionariedade) dos membros do MP. Uma agenda que reforçou ainda mais o poder daqueles que ocupam as posições de cúpula da organização pública, já que os acordos autorizados dependem da convalidação pelos superiores posicionados no topo da organização MP. E o que esta pesquisa atesta é que a maioria da cúpula do MPF registra passagem destacada pela ANPR (presidência, diretores e delegados)[59].

59 Apenas para se ter ideia do que representa a atividade extrajudicial do MPF, e do que isso significa em termos de poder para suas lideranças, com base nos relatórios do CNMP, foram instauraram mais de 500 mil procedimentos

Como não poderia ser diferente, este estudo possui limitações. De fato, um dos principais problemas de qualquer pesquisa sobre a face oculta do poder está em demonstrá-la, como reconhecem Bachrach e Baratz (1962, 1963). Mas, eles também salientam que isso não pode ser um impeditivo ao estudo da face menos visível do poder.

Evidentemente que para compreender a agenda da ANPR, ideal que fossem analisadas outras características desse grupo, além da intensa imbricação entre as posições superiores do MPF e a associação privada. Entre essas características, para entender a agenda da ANPR a partir da luta por ocupar CSMPF, CCRs e Corregedoria, necessário se faz conhecer os integrantes desses órgãos e o seu perfil (todas as categorias "objetivas" de trajetória que compõem o retrato prosopográfico de órgãos como esses), mas fugiria do escopo do presente trabalho. A ANPR não é um bloco homogêneo e há conhecidos procuradores com atuação progressista na associação, notadamente em defesa de direitos humanos e do meio ambiente, por exemplo, como pode ser citado o caso da sua única mulher presidente, Ela Wiecko (1997-1999).

Com isso, outra limitação deste trabalho está em não avançar sobre aspectos ligados à ideologia que cimenta as relações no contexto do MPF e na ANPR. Criticamente, reconheceu-se uma terceira face do poder que salienta a necessidade de se levar a estrutura social mais a sério, atrelada à discussão sobre a ideologia (Lukes, 2005). A respeito, estudos anteriores mapearam o perfil dos integrantes do MP brasileiro e apontam que uma das principais áreas de interesse de atuação é o combate à corrupção, em detrimento de áreas sensíveis para a população, como saúde, educação, infância e juventude (Sadek, 1997; Lemgruber *et. al.*, 2016). Recorda-se que no caso do MPF os seus membros são recrutados em um processo seletivo realizado pela própria

entre 2011 e 2019. No mesmo período, foram arquivados mais de 150 mil desses procedimentos perante as CCRs. Neles, foram celebrados milhares de Termos de Ajustamento de Conduta (TACs) e expedidas mais de 30 mil recomendações administrativas, muitos deles em matéria eleitoral e corrupção. Vide relatórios do CNMP do período, disponíveis no endereço eletrônico deste Conselho.

burocracia, organizado pelo CSMPF, assim, inerente a um processo de reprodução da elite organizacional.

Embora se pressuponham divisões internas na elite dos procuradores e uma disputa pelo poder por diferentes grupos no contexto do MPF e da ANPR, um "tipo de procurador", em analogia ao "tipo de pessoa" (Mills, 1956), mostrou-se capaz de se organizar para controlar a burocracia pública a partir das posições superiores, e a organização MPF de fato se voltou para combate à corrupção nesse mesmo período, para se referir a apenas uma característica do perfil identificado, que registra trajetória de atuação na luta corporativa (ANPR).

Nesse sentido, se cada integrante do MPF fizesse valer a sua autonomia e fosse movido pelo "voluntarismo político", como propala a literatura (Arantes, 2002), o resultado esperado poderia ser uma atuação pulverizada em diferentes temas, não em torno de um. O que não necessariamente afasta o "voluntarismo político", o problema é que esse pode não ser inerente ao MPF, já que presente em qualquer outra organização pública. O "voluntarismo político" precisa ser encarado como mais um componente para entender ação dos membros do MP. Mas a constituição de uma agenda política nesse contexto pressupõe hierarquização e reprodução de uma elite organizacional.

Ressalta-se, assim, que não há possibilidade de uma força tarefa como a que desencadeou a "Lava Jato" prosperar sem concordância dos superiores do MPF – por superiores, leiam-se: lideranças MPF/ANPR, pelo fato de que elas exerceram verdadeira "situação de comando" a partir das posições que ocuparam no topo da burocracia pública, seja por eleições internas ou designações.

Não se cogita uma agenda de anticorrupção, que envolve afastamentos da carreira para profissionalização no exterior (Engelmann & Pilau, 2021), sem anuência das lideranças do MPF/ANPR até o auge da "Lava Jato", pelo simples fato de que elas exerceram uma verdadeira "situação de comando" a partir das posições que ocuparam no topo da burocracia pública, seja por designação ou por eleições internas. Coube a estas lideranças designar os integrantes da operação "Lava Jato", decidir sobre o reforço de servidores especializados em contabilidade e finanças e outros tipos de conhecimentos que procuradores da República não dominam, além de recursos financeiros e estruturais para deslocamentos, viagens internacionais e outras práticas que envolvem essa atividade.

Sem anuência dessas lideranças, em "situação de comando", não se cogita o desenvolvimento de capacidades estatais voltadas para o combate à corrupção, lembrando que a ANPR tem reconhecido papel no *lobby* realizado perante o Executivo e o Legislativo (Arantes, 2002; Kerche, 2009), o que retorna para o MPF na forma de orçamento e legislação, sem falar do controle sobre a burocracia pública pela ANPR se a indicação do PGR acolher a lista tríplice da associação. Até mesmo o fato de Deltan Dallagnol, coordenador na "Lava Jato", não ter sido punido no âmbito do MPF pelos possíveis desvios de conduta na operação, muito se deve às lideranças MPF/ANPR.

Portanto, considerando o *design* do MPF e o poder de suas lideranças no seu contexto, não se cogita uma atuação voltada para o combate à corrupção e impunidade dos procuradores da República em determinada conjuntura política e social, sem que fossem atendidas as expectativas dos superiores da organização pública e sem aderência em termos de valores e de visão de mundo no contexto dessa burocracia e fora dela.

A lealdade dos integrantes do MPF para com a lista tríplice da ANPR, que se verifica na composição do CSMPF, CCRs e Corregedoria, sugere como estão definidos os aspectos comportamentais no espaço público, permitindo aventar a hipótese da sobreposição de interesses privados (ANPR) sobre o público (MPF). Por essa perspectiva, a face oculta do poder no MPF se refere à capacidade que as suas lideranças MPF/ANPR têm, ao designar procuradores específicos para atuar em um caso concreto, a exemplo da "Lava

Jato, exercer a *seletividade* de quem levar ou não a julgamento, quem "melindrar" publicamente ou não, sem incorrer em punições.

Em um ambiente hierarquizado, como o que se ressalta aqui, uma atuação que contrarie os interesses da *oligarquia dos procuradores* do MPF/ANPR pode se punida com o banimento. Significa estar fora do jogo político no MPF e na ANPR, ou seja, fora da ascensão na carreira pelo mérito na burocracia pública, para não dizer da possibilidade de punições e perseguições, muitas destas – perseguições – invisíveis aos olhos dos analistas.

Não se trata, assim, apenas de projetos de autonomização e mais poder burocrático. Tampouco é possível vislumbrar a luta por poder por essas lideranças autônoma em relação ao político. A agenda política de combate à corrupção levada a efeito por aqueles que obtiveram sucesso em *governar* o MPF nos últimos anos parece vitoriosa para eles próprios e para os que pegaram carona nela, e isso vai muito além do MPF e do sistema de justiça. Essa agenda caminhou no sentido da eleição de Bolsonaro para a Presidência da República (De Sa e Silva, 2020; Engelmann, 2020), em sintonia tanto no aspecto conservador do discurso como em relação a um inimigo comum, alvo principal da "Lava Jato".

Nesse aspecto reside a importância do cálculo político dos "burocratas-políticos" em relação a quem melindrar (*seletividade*) e quando (*timing*), que se orienta de maneira organizada, e não isolada, expressão da face oculta do poder, o que também a hipótese do "voluntarismo político" não alcança. Dito de outro modo, as estratégias políticas de carreiras dos procuradores se orientam pela ação organizada das lideranças, estas eleitas pelas classe e designadas para ocupar posições superiores no MPF.

Ademais, a agenda das lideranças organizacionais resultou, ainda em 2005, participar da criação e presidir o CNMP e, assim, traçar o controle sobre o MP no Brasil, o que desemboca em recomendações de comportamento de procuradores e promotores de justiça em todo país, por exemplo, em relação ao controle do MP sobre a administração pública em Estados e municípios. Entre 2003 e 2017, quem presidiu o CNMP registra atuação direta na presidência da ANPR. Por isso, é importante que se investigue, em outra oportunidade, quanto a esse mesmo período, como se constituíram as nomeações para o CNMP, a ver se reproduz o que se está a assinalar neste estudo: a intensa imbricação do contexto da burocracia pública com a associação de classe. Fato é que o CNMP não criou obstáculos para a "Lava Jato" (Kerche, Oliveira & Couto, 2020), pelo contrário.

Sem o CNMP, que chancelou os comportamentos e expediu resoluções, dificilmente uma operação como a "Lava Jato" teria sido levada a efeito. Novamente, o paradoxo. O órgão projetado para exercer controle sobre o MP atendeu às expectativas dos controlados, diga-se, dos procuradores, e reforçou ainda mais os poderes de ação dos integrantes do MP.

Outras conquistas vieram ligadas à mesma agenda de combate à corrupção. Por exemplo, a tramitação do Projeto de Emenda à CF-88 n. 37 (PEC 37), que buscava limitar a atuação extrajudicial do MP na esfera criminal. A maneira como foi colocada para o público, que de início se mobilizava em 2013 por outros motivos (Messenberg, 2017; De Sá e Silva, 2020; Setzler, 2020), capitaneou os interesses do MP e fez com que a PEC 37 fosse derrotada e arquivada no Congresso Nacional (Arantes & Moreira, 2019). Nesse ponto, pode ser importante estudar como a mesma agenda encontrou espaço nos meios de comunicação de massa, dada a relevância da comunicação política para a formação da opinião pública (Miguel, 2003; Feres Junior & Sassara, 2016; Gomes; Medeiros, 2019), o que não foi objeto deste capítulo[60].

Depois das manifestações de 2013, o poder de investigação dos integrantes do MPF foi reforçado com alterações, primeiro, em resoluções do CNMP *contra legem*, e, depois, legislativas em matéria de direito penal e processual penal e na jurisprudência

60 Um recente estudo revelou como o MPF, no mesmo período, utilizou politicamente a sua conta oficial no Twitter, contando com a ANPR para disseminar um conteúdo específico em relação à agenda anticorrupção.

do STF (ampliação do espaço de ação), dando sustentação jurídica para a "Lava Jato". No curso desta e durante o processo de *impeachment* de Dilma, os "burocratas-políticos" mobilizaram milhões de brasileiros em favor de uma mudança legislativa mais ampla, chamada de "10 Medidas".

Nesse caso, contaram não apenas com os meios de comunicação de massa e redes sociais, mas também com organizações da sociedade civil posicionadas à extrema-direita ideológica, a exemplo do "Vem Pra Rua" e do "Movimento Brasil Livre" (MBL), e do terceiro setor como a "Transparência Internacional – Brasil". A respeito, pode ser importante estudar que tipo de relação se estabeleceu entre os "burocratas" e setores organizados da sociedade, o que passou pela ANPR provavelmente.

Na realidade, a agenda de combate à corrupção operou sobre o sistema político na última década (Marona & Kerche, 2021). Evidente que isso tem relação com a autonomia formal da organização pública, mas não pode ser compreendido por completo sem traçar os caminhos da política que cruzam o MPF, e um deles se refere claramente às lideranças da ANPR, pois é inegável aqui uma espécie de confusão entre os espaços público (MPF) e privado (associação).

Logo, um outro problema é que a questão dos caminhos da política no contexto do MPF se refere à uma dinâmica política com traços pouco democráticos e pouco republicanos. Primeiro, porque os membros do MPF atendem aos seus superiores – lideranças do MPF/ANPR, para implementar uma agenda interna, que se volta para o contexto externo, por exemplo sobre o sistema político, como no caso da "Lava Jato". Segundo, porque essa mesma agenda foi possível de ser implementada porque um perfil de membros do MPF "específico", que registra luta política corporativa, revezou-se no poder, no topo da burocracia pública, tanto na PGR, entre 2003 e 2017, como no CSMPF, CCRs e Corregedoria, de 1993 a 2019.

Esse mesmo perfil de liderança, chefiando a PGR e/ou por maioria nos órgãos colegiados, designou outros membros para posições políticas especializadas de controle dos próprios procuradores (Corregedoria), da administração pública no Estado brasileiro e para operações policiais ("situação de comando" exercida pelas lideranças MPF/ANPR).

Assim, o processo tanto de oligarquização como de "profissionalização política" dos procuradores tem como elemento constitutivo uma socialização em dois espaços de poder, público e privado (MPF e ANPR): o primeiro, institucionalizado, e o segundo, expressão do poder privado. Em ambos os espaços, lideranças MPF/ANPR parecem suficientemente organizadas e capazes de imprimir uma agenda política. E, aqui, reside a chave para compreender a capacidade de conversão do poder burocrático em político: a organização.

Não se trata, reitera-se, de uma perspectiva conspiratória ou que cede de forma pessimista à busca de interesses individuais ou de um grupo por uma pequena elite de poder, enquanto um processo inevitável (Diefenbach, 2018). Mas, de um caso paradoxal em que uma organização privada (ANPR) atua dentro da organização pública (MPF), esta que tem por atribuição *zelar* por valores democráticos e republicanos, notadamente a legalidade e a moralidade administrativas.

O MPF foi projetado (*design*) como ramo jurídico da burocracia de Estado responsável pelo exercício do monopólio da violência legítima (ação penal) e a defesa de direitos, valores republicanos e da democracia. Todavia, internamente opera com traços antidemocráticos e antirrepublicanos (dinâmica política), em um processo de confusão – reforça-se, um problema sociopolítico – entre interesse público (MPF) e privado (ANPR), que precisa ser entendido como um processo potencialmente *privatizante* do poder punitivo e da defesa de direitos.

Não é novidade a ideia de "profissionalização política" aplicada a membros de uma organização pública como o MP, que exerce o monopólio da ação penal, a exemplo dos EUA (Miller & Curry, 2019). A questão é que, nos EUA, a maior parte dos integrantes do equivalente ao seu MP é eleita pelo voto direto (Wright, Levine & Gold, 2021). Além disso, o que se sabia sobre as associações de classe ligadas ao MP brasileiro até então se referia ao *lobby* no Legislativo e Executivo federal (Arantes, 2002; Kerche, 2009; Arantes & Moreira, 2019), em prol da escolha do chefe da organização (PGR), aprovação orçamentária e de leis, ou seja, na defesa de interesses corporativos.

A perspectiva do *lobby* converge com os estudos de elites jurídicas em relação ao processo de institucionalização e de disputas por espaços de ação com outras instituições do sistema de justiça (Bonelli, 2002; Almeida, 2014; Engelmann & Pilau, 2021), em que as reconfigurações políticas e corporativas da agenda de combate à corrupção ampliam espaços de ação, resultando em mais poder burocrático em interação com o poder político. No mesmo sentido, as pesquisas sobre o desenvolvimento de capacidades estatais de combate à corrupção no MPF ressaltam a constituição da agenda de poder dos "procuradores políticos" (Vilaça, 2017; Londero, 2021), em que pese no caso destas pesquisas se insistam na autonomia em relação ao político[61].

Uma vez reunidos todos esses aspectos, é plausível o poder de agenda de um grupo organizado que consegue êxito em ocupar (leia-se, controlar) posições específicas do MPF[62]. Dentro do MPF, as lideranças ANPR formam um grupo ou coalizão que busca obter controle da burocracia pública, o que se evidencia tanto no que se refere à "fila sucessória" para a PGR, se respeitada a sua lista tríplice, como em relação ao CSMPF, as CCRs e a Corregedoria. Como exercem poder sobre o comportamento dos

61 Embora tratem do orçamento e da indicação do PGR, aspectos que necessariamente implicam a ação política perante o Executivo e o Legislativo federais, ou seja, perante o sistema político mais amplo (VILAÇA, 2017; LONDERO, 2021), esses estudos não discutem a permeabilidade do contexto do MPF para a ação política das lideranças dos procuradores nos espaços público e privado.

62 Isso foi possível no caso daqueles com atuação direta na ANPR durante os governos Lula e Dilma, que ditaram o funcionamento concreto do MPF, seja por respeito à lista tríplice da associação, um requisito não previsto na CF/88, seja por controlarem o CSMPF, as CCRs e a Corregedoria.

integrantes da organização pública, conseguiram êxito em relação a uma agenda que se materializou em inquéritos criminais e ajuizamento de ações penais, convertendo o poder burocrático em exercício de poder político, como no caso da agenda de combate à corrupção sobre o sistema político brasileiro.

Os membros do MPF não podem se filiar a partidos políticos e disputar eleições para cargos no Legislativo e no Executivo, conforme determina a CF/88, o que foi reproduzido pela LC 75/93. Por um lado, isso visa à independência em relação aos poderes constituídos e os afasta da necessidade de se submeterem regularmente à competição eleitoral. Por outro, fixa regras para que não atuem politicamente, priorizando uma área em detrimento de outra, investigando pessoas específicas e não outras. Mas, na realidade, é preciso reconhecer que as lideranças MPF/ANPR, com sua agenda de combate à corrupção e no curso da "Lava Jato", organizadamente, foram capazes de exercer poder político ao instrumentalizar os mecanismos institucionais da burocracia pública, ainda que essa ação não encontre previsão nos estatutos do MPF e da ANPR.

2.5 Considerações finais

Este estudo reafirma a importância de uma análise de elite que leva em consideração o recrutamento, a socialização e a reprodução social para compreender e explicar as mudanças nas estruturas de poder de nível macro no Brasil. Devido ao *design* da burocracia pública, a agenda das lideranças MPF/ANPR pode afetar toda a cadeia alimentar de poder e operar sobre o sistema político. Ao analisar os mecanismos institucionais que podem ser instrumentalizados por essas lideranças, a partir das posições de topo do MPF, revelaram-se imbricações dos caminhos da política que a cruzam de dentro para fora e na direção contrária.

O controle sobre os mecanismos institucionais que conferem o funcionamento concreto do MPF é a chave para compreender como as suas lideranças são capazes de implementar uma agenda política dentro da burocracia pública. Sem precisar abandonar a carreira no MPF, são capazes de exercer poder político a partir do Estado, instrumentalizando mecanismos que se referem ao monopólio do exercício da força (ação penal). Como isso envolve, nas três últimas décadas, a presença das lideranças de uma organização privada (ANPR), pode se articular com setores específicos da sociedade para levar a efeito uma agenda *privatizante* dentro e a partir da estrutura de dominação (MPF): projetos de poder das lideranças MPF em sintonia com o mundo privado (ANPR).

Em nenhum momento as mudanças legislativas que decorreram da agenda anticorrupção e o "excelente" desempenho dos membros do MPF na "Lava Jato" levaram à democratização da organização pública. Também, as lideranças do MPF/ANPR não inibiram que os abusos nessa operação fossem cometidos, o que inegavelmente afetou o resultado das eleições de 2018. Sequer criaram resistência, seja no âmbito do MPF ou do CNMP, para que um dos componentes da "Lava Jato", o procurador da República Deltan Dallagnol, fizesse política a partir do MPF e, depois do capital político acumulado, fora da organização pública se filiasse a um partido político e se lançasse candidato em 2022.

A agenda de combate à corrupção relaciona-se à luta política de uma elite organizacional, a elite dos "procuradores políticos profissionais" do MPF. Em confusão com interesses privados, essa agenda conferiu a essa elite de "procuradores políticos" o controle sobre a estrutura de dominação que resultou no fortalecimento do poder burocrático, queira chamar de "institucionalização" e/ou "desenvolvimento de capacidades estatais". Em todo caso, o resultado dessa luta precisa ser entendido como expressão do poder institucionalizado que as lideranças MPF/ANPR converteram em exercício de poder político, cuja face oculta é uma de suas características mais marcantes.

CAPÍTULO III

A "Trilha dos Tijolos Amarelos" da Política no MPF: a ANPR

3.1 Apresentação

As associações de classe de membros do Judiciário e do MP aparecem nos principais estudos da Ciência Política e Administração Pública sobre a definição do arranjo formal dessas burocracias na CF/88 (Sadek, 1997, 2010; Arantes, 2002; Kerche, 2009; Almeida, 2010; Carvalho 2017). Segundo esses estudos, tendo atuado com forte *lobby* na Assembleia Nacional Constituinte, como foram os casos da AMB e da CONAMP, foram capazes de definir o próprio desenho do Judiciário e do MP na CF/88. Mas, embora reconhecida a importância nos processos de mudança institucional, não são objeto específico de estudo as estruturas organizacionais dessas associações e mesmo atuação delas como ator relevante na luta corporativa dos operadores do sistema de justiça.

Duas vertentes de estudos que contemplam a análise sobre a ação dessas associações podem ser mencionadas: *i*) os estudos dos processos de reformas constitucionais pós-1988, que geraram a EC n. 45 de 2004 relativos ao controles sobre a magistratura e o MP (Sadek, 2010; Fragale Filho, 2013); *ii*) sobre os contornos do controle a ser realizado pelo CNJ e o CNMP, e a constante provocação do Judiciário como forma assegurar os interesses dos seus associados (Ribeiro & Arguelhes, 2015; Oliveira, 2016; Coutinho, 2020).

No que tange às pesquisas que ajudam a compreender especificamente a ação política dessas associações, observa-se significativo avanço nas pesquisas de elites jurídicas (Bonelli, 2002; Engelmann, 2006, 2009, 2020; Almeida, 2010), que se atentam para os projetos de institucionalização e de carreira dos membros da magistratura e do MP. Nessas pesquisas, as associações são forças políticas organizadas e que se aperfeiçoaram ao longo do tempo. Também nessa linha, os resultados das atividades das associações, dentro e fora do sistema de justiça, são objetivo de análise, por exemplo, em torno da agenda anticorrupção nas duas últimas décadas, que não apenas ampliou o espaço formal de ação dos operadores do sistema de justiça, como sinalizou para as formas de interação com o poder político (Almeida, 2019; Engelmann & Pilau, 2021).

Vale dizer que as pesquisas de elites jurídicas registram o caminho percorrido pelas associações de classe, capaz de conferir às lideranças associativas diferentes aprendizados institucionais e formas de interação com o sistema político. Com isso, apresentam resultados que ajudam problematizar a complexidade de vínculos que se estabelecem entre os sistemas político e de justiça brasileiros. Ainda assim, as associações não são objeto de estudo específico, em termos de organização e trajetória organizacional, como se pretende discutir neste capítulo.

Interessante é que, segundo uma tradição das pesquisas que se dedicam às associações de classe, costuma-se utilizar essa categoria como fonte ou como objeto de análise para explicar a relação entre o Estado e o mundo privado (Loss, 2010), o que não se verifica nos trabalhos do sistema de justiça. As associações de classe de membros do Judiciário e do MP constituem-se formalmente como organizações privadas, porém se encontram em um lugar não bem definido entre o Estado e a sociedade, como se pretende demonstrar e discutir aqui.

Visando suprir essa lacuna, este capítulo trata da ANPR, precisamente em relação à ação política das suas diretorias desde a fundação da associação em 1973. A análise se dedica a explorar e analisar as estratégias da ação política desenvolvidas no âmbito dessa organização privada por quase cinco décadas, buscando compreender como lideranças dessa associação moldam e remodelam o poder organizacional e como buscam estabelecer a sua governança, dentro e fora do Estado, mas a partir deste.

Feitas essas considerações, a problemática que se busca abarcar neste capítulo envolve as seguintes questões: *i*) a ANPR é um dos principais caminhos da política que cruzam o MPF, razão pela qual está intimamente atrelada ao processo de "profissionalização política" dos procuradores da República; *ii*) como a ANPR funciona dentro do MPF e não existe sem ele, a confusão entre o privado e o público define esse caminho da política, do qual suas lideranças (ANPR/MPF) se valem principalmente para explorar "brechas institucionais" e desenvolver projetos políticos de preservação e/ou mudança de normas e regras, dentro e fora da burocracia pública; *iii*) um dos problemas, em termos normativos, é que os projetos políticos das lideranças da ANPR podem representar interesses de setores da sociedade além dos seus associados, em desacordo com a matriz institucional (estatutos jurídicos) que define o funcionamento do MPF e da própria associação; *iv*) assim, outro problema é que a lógica privada da ANPR que flui pelo MPF pode emprestar sentido ao ramo jurídico da burocracia de Estado (estrutura de dominação), responsável pela ação penal e a defesa de direitos; *v*) com isso, a organização privada se mostra capaz não somente de afetar o exercício do poder político, mas, algumas vezes, revela-se uma tentativa de geri-lo, sem participar do processo eleitoral diretamente.

Colocados os problemas nesses termos, a hipótese que orienta este estudo é a de que a ANPR *se constitui em uma organização privada que funciona dentro do Estado, cujo objetivo é desenvolver os projetos políticos de institucionalização e/ou mudança institucional de lideranças dos procuradores da República, que não raro podem se revelar projetos de manutenção e/ou mudança da trajetória social.*

Em relação a essa problemática, analisam-se as ações das diretorias da ANPR por mais de quatro décadas (1973-2019), buscando entender como as suas lideranças moldam e remodelam o poder organizacional (Reed, 2012). Este capítulo se insere, assim, na corrente de estudos sobre elites e organizações que se voltam para o processo de institucionalização e mudança institucional (Ahrne & Brunsson, 2011). Nesse sentido, aqui, também, as normas e regras importam (North, 1990), mas a pesquisa se centra em como uma organização privada constituída por procuradores se volta para manutenção e/ou mudanças de normas e regras que definem o funcionamento não só do MPF, mas do Estado brasileiro.

O estudo confirma que a ANPR é um dos principais caminhos da política que atravessa o MPF. Ademais, e não menos importante, aponta a estabilidade desta organização e como suas lideranças, sem abandonar a carreira na burocracia pública, exploram "brechas" institucionais para fazer política a partir da estrutura pública. Configura-se, assim, uma confusão "sui generis", entre uma poderosa estrutura de dominação (MPF) e uma organização privada (ANPR), capaz de interferir no funcionamento do Estado e da democracia brasileira.

O capítulo está organizado da seguinte maneira: além desta apresentação, há uma seção que discute as questões teóricas que envolvem o processo analítico; em seguida, é feita uma breve apresentação da ANPR, com destaque para sua estrutura organizacional para depois se debruçar sobre o objeto de estudo específico e discutir suas implicações; no final são indicadas as conclusões e limitações do trabalho.

3.2 Organização, institucionalização e mudança institucional

Um estudo que se dedica a elites organizacionais que buscam controlar estruturas de dominação precisa compreender a interação complexa entre a estrutura de poder institucionalizada e o poder social (Zald & Lounsbury, 2010). Como essa não é tarefa das mais simples, sugere-se analisar as estratégias mobilizadas ao longo do tempo por grupos intra-elite para controlar a organização, a fim de entender como moldam e remodelam o poder organizacional e como estabelecem a sua governança (Reed, 2012). A pesquisa tenta identificar essas estratégias e analisar os resultados institucionais das lutas políticas da elite organizacional, se possível abarcando as ações de grupos intra-elite em interação com o contexto externo ao da organização (Scott, 2008).

Interessa, assim, compreender a articulação que se estabelece entre as ações dos grupos intra-elite e os seus resultados institucionais, ao mesmo tempo que essa abordagem permite verificar se há um desses grupos eventualmente dominantes e o tipo de relação que estabelecem com grupos extra-elite. Cabe lembrar que a discussão sobre como grupos minoritários controlam e reproduzem a sua dominação em organizações foi impulsionada por estudos organizacionais pioneiros, que remetem à tradição weberiana (Michels, 1982; Selznick, 1948, 1953; Merton, 1968; Crozier, 1974), conforme visto no primeiro capítulo desse livro. Salienta-se que esses mesmos estudos pioneiros tiveram como objeto aspectos organizacionais, relações de poder e de dominação que se desenvolvem em empresas, sindicatos e partidos políticos, ou seja, no mundo privado, e não nos ramos especializados da burocracia do Estado, como a militar ou a judiciária.

Max Weber (1975) ressaltava que a lógica impugnada ao funcionamento do Estado é a mesma que possibilita a previsibilidade e a eficiência, típica do mundo privado e da sociedade capitalista. De acordo com o autor, essa lógica empresarial empresta sentido à máquina de dominação política (Estado), *locus* real do poder, informada pelo direito. Para Weber (1975), o Estado moderno, enquanto organização formal e em termos de sua eficiência, deveria funcionar como uma empresa, em que poderia florescer o capitalismo atrelando-se ao funcionalismo especializado e ao direito racional.

Retomando, o que os estudos sobre elites organizacionais reforçam, especialmente os mais recentes, é que a organização privada como sindicatos e partidos políticos leva à institucionalização e à mudança institucional (Ahrne & Brunsson, 2011), central nesta análise sobre a ANPR. E essa problemática também não é nova na teoria organizacional. Os processos que levam à oligarquização (Michels, 1982), definem a resistência ao controle (Merton, 1968), o compartilhamento de decisões e a cooptação (Selznick, 1948, 1953) e a interdependência de privilégios (Crozier, 1974) acabam por institucionalizar regras informais e interesses privados, que passam a integrar a estrutura organizacional.

O que as abordagens mais recentes sobre elites organizacionais assinalam com clareza é que, quando assumida por aqueles que lutam por mudar relações de poder, comportamentos ou ordens, a organização se mostra uma estratégia bem-sucedida no sentido da institucionalização e um caminho mais curto para as tentativas de mudança institucional (Ahrne & Brunsson, 2011). Com o tempo, a organização pode se transformar em instituição e o que, *a priori*, viola regras e normas existentes pode vir, *a posteriori*, a se tornar novas regras e normas.

Assim, os conceitos de organização e de instituição não se confundem neste estudo, por mais que estejam próximos, como nas conhecidas definições de organizações formais (Blau & Scott, 1979)[63] e de instituições (North, 1990)[64], e por mais que também se enfatizem os papeis das instituições na ordem social. Não cabe

63 Esse tipo de organização está formalmente estabelecido com o propósito de alcançar certas finalidades. A formalidade é que distingue as organizações formais das organizações sociais em geral (Blau & Scott, 1979).

64 As instituições são as regras ou normas que, ao longo do tempo, estruturam as interações políticas, econômicas e sociais (North, 1990).

aqui revisitar essa discussão, tão somente consignar que subsistem diferenças entre esses conceitos[65], e mesmo entre organizações formais e informais[66], como também se pode vislumbrar organizações parciais em que elementos da organização podem ser usados separadamente (Ahrne & Brunsson, 2011).

O que precisa estar claro é que as organizações interagem com outras organizações e com instituições, e que organizações podem se voltar para a institucionalização e mudança das regras do jogo, ou seja, para a mudança da matriz institucional (North, 1990: 78).

Ademais, sobre a organização se pode reconhecer a incidência de processos históricos, como os caracterizados por trajetórias institucionais (*path dependence*) de difícil reversão (Pierson, 2000), porquanto a matriz institucional que define a organização e em que ela opera será alterada quando choques exógenos sejam capazes de colocar essa matriz em nova trajetória. É o caso, por exemplo, de um golpe de Estado que não realiza uma mudança formal na Constituição, mas coloca a democracia em outra trajetória.

Os tipos modais endógenos de mudança institucional operam de maneira evidente junto aos fatores que definem o funcionamento de uma organização (Thelen, 1999; Mahoney & Thelen, 2010). São quatro os tipos modais, sendo eles: *displacement*, *layering*, *drift* e *conversion*. No primeiro tipo, *displacement*, as regras antigas são substituídas por novas; no segundo, *layering*, novas regras são colocadas ao lado das regras existentes em um processo incremental; no terceiro, *drift*, as regras não alteradas quando se tornam obsoletas, devido a mudanças no contexto, e; no quatro, *conversion*, as regras são alteradas como resultado de uma redefinição estratégica da sua aplicação (Thelen, 1999; Mahoney & Thelen, 2010)[67].

65 Douglass North (1990) diferencia as organizações das instituições. Para ele, as organizações surgem a partir da matriz institucional em um dado momento, mas com ela não se confundem. Ilustra essa diferença com a metáfora segundo a qual as instituições são as regras de um jogo e as organizações são os times que disputam um torneio.

66 Recorda-se, novamente, assim como feito no primeiro capítulo, que a organização é uma só, a separação entre organização formal e informal é apenas analítica. Como nem todas as atividades seguem estritamente os esquemas oficiais, a organização informal se desenvolve dentro do esquema da organização formalmente estabelecida (Blau & Scott, 1979; Selsnick, 1948, 1953; Crozier, 1974).

67 Em relação aos estudos sobre o MP brasileiro, conferir essa discussão institucionalista realizada em relação às mudanças no espaço formal de ação (Viegas, et. al., 2022).

Além disso, a organização se mostra por vezes uma tentativa de imitar regras e normas existentes, porque mais fácil seguir exemplos de sucesso, o que a aproxima do processo de homogeneização institucional (Dimaggio & Powell, 1983)[68]. Ou seja, no processo de institucionalização e de mudança institucional, a organização pode ser levada a imitar ou emular instituições existentes, como se observa, por exemplo, na institucionalização do próprio MP brasileiro, em equiparação à magistratura, resultando na institucionalização de prerrogativas e garantias para procuradores e promotores de justiça.

Em suma, as regras e normas importam, mas a preocupação principal que se coloca neste capítulo é sobre como elas – regras e normas – podem ser moldadas e remodeladas pela ação de grupos de elite, como é o caso analisado da elite organizacional dos procuradores da República que constituem a ANPR – e esta é a hipótese que guia este estudo. Esta elite, em tese, promove a formação, reprodução e transformação de mecanismos por meio dos quais as relações de poder se organizam no MPF (Estado), como observado no processo de institucionalização dessa burocracia pública e em seu desenho atual.

Ressalta-se, ainda, um outro aspecto. As instituições podem ser enfraquecidas pela organização, que expõe ordens tidas como certas e estáveis, abrindo caminho para questionamentos e novas decisões (Ahrne & Brunsson, 2011). Por isso, uma das estratégias de mudança em uma ordem institucional consiste, primeiramente, em sua organização, referindo-se à necessidade, por exemplo, de transparência e prestação de contas, para enfraquecê-la e, em seguida, sugerir e tentar implementar uma nova. Mas, poucos organizadores conseguem transformar a organização em instituição ou concretizar a mudança institucional, razão pela qual tão importante quanto entender o processo que vai da organização à

68 Entende-se por isomorfismo institucional um processo de constrangimento que força uma unidade (como departamentos de Estado, agências regulatórias, organizações que oferecem serviços e produtos semelhantes) para se parecerem com outras unidades que enfrentam o mesmo conjunto de condições (Dimaggio & Powell, 1983).

institucionalização é estudar o processo da organização que não se transforma em instituição (Ahrne & Brunsson, 2011), e esse é outro aspecto central nesta análise. De suma importância é entender o que leva as lideranças de uma organização como a ANPR a escolher ou rejeitar projetos institucionais e como elas continuam a agir para sustentar a lógica de suas escolhas.

No caso dos integrantes do sistema de justiça brasileiro, como são os procuradores da República, esse processo está fortemente baseado em práticas que modelam as regras formais, tencionando-as e explorando "brechas" institucionais, compreendidas como margens ou zonas de incerteza entre as regras e normas. Como bem salientam os estudos organizacionais pioneiros (Selsnick, 1948, 1953; Crozier, 1974), a informalidade pode ser institucionalizada, ou não, de acordo com processos conduzidos pelas lideranças organizacionais. Esses processos estão atrelados aos mecanismos e produzem "cooptação" (Selsnick, 1948, 1953) e exploração de espaços de anomia (Crozier, 1974), cujo resultado pode ser a institucionalização de regras informais, as quais passam a configurar a estrutura organizacional, ou a continuidade da exploração das "brechas" como um caminho para "driblar" as regras formais.

Evidente que nem todas as estratégias das lideranças dos procuradores do MPF e da ANPR serão bem-sucedidas, por mais que maximizem as chances de sucesso. Além disso, como se pretende discutir neste capítulo, a luta de suas lideranças pode não visar, necessariamente, uma institucionalização completa da organização, permitindo que persistam "brechas" institucionais por onde possam transitar e fazer política.

É nesse sentido que se busca estudar a interação que se estabelece entre uma burocracia de Estado, como o MPF (*locus* de poder institucionalizado), e uma associação privada, como a ANPR. Essa perspectiva oferece uma forma de análise que contempla o tipo de estratégia predominante assumida pelas suas lideranças que atuam politicamente ao longo do tempo em ambos os espaços, público (MPF) e privado (ANPR), lutando para estabelecer projetos de governança da burocracia pública e de mudança institucional, quiçá de mudança da trajetória social, aqui compreendida como o projeto de Estado e de sociedade definido na CF/88.

3.3 Estrutura e organização da ANPR[69]

A ANPR está registrada como sociedade civil, que tem nos seus fins estatutários a defesa dos interesses da classe dos procuradores da República. Estes, e não todos os integrantes do MPU, são únicos sócios admitidos e passíveis de voto e eleição nos cargos do quadro da associação. Desde a sua inauguração, a sede da associação está localizada no edifício da PGR, em Brasília, DF[70]. Encontra-se instalada e exerce as suas atividades privadas no mesmo local em que funciona a chefia do MPU e o seu ramo Federal, o MPF.

Além de utilizar a estrutura física e serviços disponíveis para a PGR[71], os recursos que mantêm a ANPR em funcionamento são as mensalidades pagas pelos procuradores da República (receita ordinária), correspondente a 1% (um por cento) da remuneração inicial da carreira. A associação também realiza investimentos financeiros e recebe patrocínios para perseguir os seus objetivos, a exemplo das aplicações em fundos de investimentos e dos patrocínios recebidos, como constam dos balancetes de gestão, mais adiante explorados.

Na sua estrutura, estão previstas as diretorias, o colégio de delegados, a assembleia geral e um conselho fiscal. A diretoria prevê um presidente, um vice-presidente e dez diretores, distribuindo-se entre estes as funções de diretor financeiro, secretário, comunicação social, assuntos legislativos, assuntos jurídicos, assuntos corporativos, diretor cultural e eventos. Ressalta-se o colégio de delegados, constituído por um representante em cada

69 A apresentação tem por base a última versão do estatuto da ANPR e os seus balancetes de prestação de contas disponíveis no endereço eletrônico da associação (https://www.anpr.org.br/).

70 Sobre a história da ANPR, conferir material oferecido pela própria associação no seu endereço eletrônico.

71 A localização da ANPR no prédio que abriga o edifício sede do MPU e da PGR possibilita aos seus integrantes utilizarem de serviços públicos, ainda que terceirizados, por exemplo, os de segurança e estacionamento etc., cujas despesas não são rateadas com a associação privada.

Estado e no Distrito Federal, eleitos pelos respectivos sócios dessas circunscrições. Os interessados em compor o referido colégio devem se organizar em chapas. Cabe aos delegados, nos Estados e no DF, implementar as atividades entre os sócios e a diretoria para alcançar os objetivos da ANPR.

Na prática, o colégio descentraliza as atividades políticas da ANPR na federação e cumpre um papel de integrar diferentes seguimentos dos procuradores da República à realidade política e social de atuação. Assim, o funcionamento dessa estrutura precisa ser compreendido em sintonia com o federalismo brasileiro. Essa organização, que espelha o modelo federativo, ficará mais evidente na sequência, na análise da ação política das diretorias da ANPR concentradas em Brasília e dos delegados pelo país.

3.4 A ação política das diretorias da ANPR entre 1973 e 2019[72]

Divide-se a ação política das diretorias da ANPR em três períodos, sendo eles: o primeiro, de 1973 a 1993; o segundo, de 1994 a 2003, e; o terceiro, de 2003 a 2019. Essa periodização decorre dos resultados da análise de conteúdo de documentos[73] e é relevante pois implica em diferentes estratégias de ação política e de adaptação por parte das diretorias dos dois órgãos observadas ao longo do tempo. A periodização não necessariamente coincide com os processos de

72 O banco de dados se constitui pelos relatórios de gestão (1975 a 1977) e balancetes de prestação de contas da ANPR (1980 a 2019), bem como os estatutos da organização, com respectivas alterações, disponíveis no endereço eletrônico da associação. Menciona-se a opacidade do MPF e a dificuldade de se obterem dados e informações para realizar a pesquisa. Por exemplo, realizaram-se conversas com mais de uma dezena de membros do MPF da ativa e aposentados, incluindo cinco servidores, os quais pediram para não serem mencionados. Essas conversas ofereceram elementos relevantes e serviram de fio condutor para a interpretação dos dados.

73 A análise de conteúdo buscou descrever e classificar os fenômenos (Prior, 2014) e foi realizada em duas etapas, utilizando-se os procedimentos de estruturação e somativa (Viegas & Borali, 2022). Na primeira, aplicou-se a estruturação, uma técnica que promove o corte transversal do material, visando à codificação. Manualmente, codificou-se em tabela de Excel o conteúdo do banco, levando em conta os aspectos teóricos da análise da seção anterior para a composição das variáveis nas colunas da tabela (contendo: formas interação com organizações públicas e privadas, incluindo meios de comunicação e redes sociais; formas de interação específica com o Legislativo, o Executivo e o Judiciário, agentes públicos e privados, e os cargos ocupados por estes; alterações estatutárias, financeiras e estrutural, incluindo o quadro de funcionários; capacitação técnica e pessoal, incluindo recursos tecnológicos; formas de interação com a administração do MPF e do CNMP etc.), o que possibilitou separar a ação política (dentro e fora do MPF) de outros eventos, como, por exemplo, da rotina de gestão da associação; na segunda, com a técnica somativa, que possibilita a análise longitudinal e a sua codificação, fez-se uso do conteúdo codificado com o propósito de compreender as ações políticas das diretorias ao longo do tempo, viabilizando a divisão nos três períodos.

organização e institucionalização do MPF, embora esses processos apresentem reflexos tanto no MPF quanto na ANPR.

As estratégias das diretorias da ANPR identificadas devolvem-se basicamente em torno de cinco eixos específicos de atuação, submetidos a processos de profissionalização e ampliação ao longo do tempo:

i) administração do MPF;

ii) atividade legislativo/parlamentar;

iii) comunicação política;

iv) judicial, e;

v) cooperação entre associações de classe (coalizão associativa).

A seguir, apresenta-se os resultados da análise dos documentos e como as estratégias das lideranças da ANPR giram em torno desses cinco eixos e analisam-se os respectivos processos de profissionalização e ampliação nos três períodos (1973/1993, 1994/2003 e 2003/2019). Ao final de cada um desses períodos, traz-se um quadro que sintetiza as principais ações das diretorias.

3.4.1 Primeiro período: 1973 a 1993

Dos cincos eixos de atuação da ANPR, apenas dois deles são identificados mais claramente nesse primeiro período e ainda assim de modo incipiente: a atuação sobre a administração do MPF e a atividade legislativo/parlamentar, o que não quer dizer que os outros não se encontrassem presentes, mas ainda confundidos. As principais ações das diretorias da ANPR nesse período voltaram-se para questões remuneratórias, prerrogativas e equiparação com a magistratura. Na realidade, a prioridade na defesa de interesses corporativos, como em relação às questões remuneratórias, faz-se presente nas ações de todas as diretorias nos quase cinquenta anos de associação.

Os autores que analisam a presença do MP na Assembleia Nacional Constituinte identificaram a atividade legislativo/parlamentar da ANPR (Arantes, 2002; Kerche, 2009), assim os estudos sobre as carreiras jurídicas e projetos de institucionalização (Bonelli, 2002; Engelmann, 2006; Almeida, 2010). A novidade aqui é que a atividade legislativa/parlamentar da associação pré-Constituição de 1988 envolve a ação das lideranças sobre a administração do MPF. E faz sentido, pois a definição de um desenho organizacional para o MPF (estatutos jurídicos) estabeleceria uma forma de governança para a burocracia pública, que as lideranças corporativas buscam controlar.

Como se analisa e se discute com mais profundidade adiante, a atividade legislativo/parlamentar da ANPR agrega um projeto de governança sobre o MPF. Adianta-se que a ação da ANPR se fez presente na Assembleia Nacional Constituinte, na tramitação do projeto de lei orgânica do MPU (LC n. 75/93) e da revisão constitucional de 1993. Essa ação é intensa junto ao Parlamento e se verifica em todas as mudanças nos estatutos de leis que se seguiram até os dias atuais afetos ao MPF (*design* dessa burocracia e governabilidade)[74], e precisa ser compreendida como estratégica para o resultado de um modelo organizacional que as lideranças ANPR lutam para definir.

Nesse sentido, a aprovação da legislação que define o desenho e as atribuições dessa burocracia e seus integrantes, por quase cinco décadas, passou pelo crivo de lideranças da organização privada. Pelo crivo se deve entender a ação lobista e intensa atividade de buscar convencer os parlamentares e a sociedade de que um determinado desenho e uma determinada atribuição atendem melhor ao MPF e a sociedade do que outro. Se isso não é novidade para quem atua junto ao Congresso Nacional e para os operadores do Direito ligados a associações de classe, possui implicações que merecem mais atenção porque essa ação não é "neutra" e/ou "desinteressada", muito pelo contrário, pois parte das lideranças que lutam para controlar o MPF e ditar o seu funcionamento concreto.

74 O que não significa que essa agenda corporativa tenha se limitado ao período entre 1973 e 1993 e muito menos que tenha envolvimento sempre os mesmos assuntos. Por exemplo, até início dos anos 1980 a ANPR defendia um modelo de MP que preservasse a possibilidade de representação judicial da União e a advocacia privada para seus membros, como realiza a AGU atualmente.

Do ponto de vista político-organizacional, nesse primeiro período, além da própria fundação da ANPR o acontecimento mais relevante foi a formação do seu colégio de delegados em 1979, que descentralizou as ações políticas nos Estados da federação (Quadro 1). Em relação a essas ações dos delegados, destaca-se, com base nos documentos analisados, a atividade descentralizada do *lobby* da ANPR mesmo antes da Assembleia Nacional Constituinte.

Nesse aspecto, verifica-se que os delegados capilarizaram o *lobby* da associação na federação junto aos representantes do Senado e da Câmara dos Deputados por todo o país. Portanto, esse tipo de ação lobista da ANPR não se concentrou no DF, sede da ANPR, nem mesmo no período da Assembleia Nacional Constituinte, como salientam os estudos do MP. Houve intensa interação das diretorias e dos delegados, por exemplo, com o governo federal e lideranças político-partidárias no Congresso Nacional e nos Estados já nas décadas de 1970 e 1980, antecipando discussões e a pauta que seria colocada pela associação no Congresso Nacional no processo de redemocratização do país[75].

Além disso, na prática, a presença de setores específicos na ANPR, constituídos no início da década de 1980 como grupos de trabalho e voltados para realização de eventos sobre temas legislativos – e que funcionam nesses moldes até hoje – corrobora com essa constatação: a atividade de *lobby* da ANPR não tem início na Assembleia Nacional Constituinte e nem se limita a uma ação concentrada em Brasília, junto ao Congresso Nacional, muito menos perdeu força desde então, pelo contrário.

A ação lobista é uma das principais preocupações das lideranças da ANPR, conforme dito anteriormente, agrega os eixos de ação das diretorias, como se percebe do monitoramento que realiza das atividades dos membros do Congresso Nacional.

75 Evidentemente que essa atividade ganhou força na Assembleia Nacional Constituinte, como salienta a literatura (Arantes, 2002; Kerche, 2009). Importante ressaltar, portanto, que essa atividade lobista incluindo delegados se fez antes mesmo do processo de redemocratização do país, portanto, antes da Assembleia Nacional Constituinte, que definiu os contornos atuais do MP brasileiro, mas seguiu operando com força desde então até o período atual, como se observará adiante neste estudo.

Apenas se salienta, nesse primeiro período, que, com a criação do colégio de delegados da associação, os contatos políticos dos procuradores ocorrem organizadamente em nível subnacional, ou seja, realizados nas respectivas unidades da federação onde atuam, próximos de Senadores e Deputados Federais e do eleitorado destes, estratégia esta que não foi abandonada pelas diretorias e pelos delegados da ANPR desde então.

Quadro 1. Síntese das ações das diretorias da ANPR entre 1973 e 1992 (primeiro período)

Diretoria	Ações
1973 – 1975	Criação da APR . Elaboração do estatuto da APR*. Início da discussão do anteprojeto de lei orgânica do MPU. Constituição de grupos de trabalho e realização de encontros entre procuradores da República.
1975 – 1985	Discussão do anteprojeto de lei orgânica do MPU. Proposta de emenda constitucional, com articulação junto ao Diretor-Geral do DASP. Luta pela definição constitucional de um modelo de MP, incluindo prerrogativa de foro, manutenção representação judicial da União e da advocacia privada para os membros. Atuação junto ao Congresso Nacional, em especial por intermédio do senador Accioly Filho (ARENA). Articulação com lideranças partidárias e membros da comissão mista, bem como junto ao Poder Executivo para inclusão das pautas corporativas na reforma judiciária. Criação do colégio de delegados da APR (1979).
1985 – 1987	Discussão do anteprojeto de lei orgânica do MPU. Implantação da Fundação Pedro Jorge. Articulação em torno da Lei 7.2109/84 (LEP). Estruturação administrativa do MPF. Constituição de grupos de trabalho e realização de eventos para discussão de aspectos do capítulo do MP na Assembleia Nacional Constituinte em diferentes Estados da federação. Atuação do colégio de delegados nos Estados.
1987 – 1989	Atuação na Assembleia Nacional Constituinte, com relevante atuação do colégio de delegados no Estados. Adequação da proposta de anteprojeto da lei orgânica do MPU elaborada pelo Grupo de Trabalho constituído pelas Portarias nº 406/85 e 415/85 – PGR ao novo texto constitucional. Discussões a respeito da ampliação da atuação da SECODID. Criação da Revista da ANPR.
1989 - 1991	Reformulação do anteprojeto de lei orgânica do MPU, conforme o texto constitucional. Apresentação do novo projeto ao Congresso Nacional. Atuação intensa para aprovação do texto da lei orgânica do MPU, conforme definido pelas lideranças da ANPR, contando com o seu colégio de delegados.
1991 - 1993	Revisão constitucional de 1993, iniciada em 1992. Tramitação e entrada em vigor da LC nº 75 de 1993 (Lei Orgânica do MPU). Atuação dos delegados nos respectivos Estados. Discussões sobre a questão remuneratória (PAE).

Elaboração própria. Fonte: ANPR. *Associação dos Procuradores da República (APR) passou a se chamar ANPR devido à alteração no seu estatuto em 1981.

3.4.2 *Segundo período: 1994 a 2002*

No segundo período, há uma clara mudança nas orientações da ANPR, assumindo uma linguagem mais próxima das empresas privadas, o que se refletiu nas atividades das diretorias. Pode-se mencionar a presença de termos como, por exemplo, "empreendimento", "cliente", "produto", "marketing", "processo de negócios" e "relacionamento", que não faziam parte do vocabulário dos relatórios de prestações de contas[76]. Definitivo para essa mudança, no final dos anos 90, parece ter sido a realização de diagnóstico organizacional da ANPR por empresa especializada que inseriu a automação dos processos administrativo e gerencial na associação, típicos de empresa privada[77].

Em relação à atividade da associação sobre a administração do MPF, inicia-se um monitoramento permanente sobre os órgãos colegiados, como o CSMPF, as CCRs, e a Corregedoria, com a ANPR participando e intervindo nas sessões e reuniões, como revelam os relatórios desse período. A associação pleiteou e teve sucesso em mudanças nos regimentos que definiram o funcionamento desses colegiados e da Corregedoria, capazes de interferir na conduta prática dos integrantes do MPF[78].

Quanto à atividade legislativo/parlamentar, destaca-se o monitoramento que a ANPR realiza sobre o Congresso Nacional, bem como as formas de intervenção que os seus integrantes desenvolveram junto aos parlamentares[79]. O monitoramento se intensificou ao longo do tempo, com a presença ainda maior na Câmara e no Senado. Também do ponto de vista qualitativo, essa

---

76 Como revelam os documentos analisados, cogitou-se até a possibilidade de venda de produtos da ANPR, incluindo serviços prestados pelos associados, como cursos, seminários e workshops, como fonte de receita para a associação.

77 A importância disso está aqui porque essa é a primeira evidência de que se tem conhecimento da lógica empresarial (privada) que foi incorporada pelo MP brasileiro, com implicações relevantes para o funcionamento desse ramo especializado da burocracia jurídica, que exerce o monopólio da ação penal, como se pretende analisar e discutir mais adiante.

78 Por exemplo, em relação às regras de movimentação na carreira e formas de atuação prática dos procuradores da República em investigações extrajudiciais e ações judiciais. Pode-se mencionar, também, requerimentos e pedidos de providências, inclusive propondo regulamentação sobre certos assuntos, como o pagamento de diárias, auxílio moradia e possibilidades de afastamento da carreira.

79 Entre as iniciativas no período, está a contratação de funcionário para monitorar as ações e atividades legislativas e a criação de comissões permanentes de apoio à diretoria de assuntos legislativos.

atividade se aprimorou, passando a incluir a tramitação de projetos de emenda à CF/88 e de leis em geral, bem como as atividades desenvolvidas em comissões e audiências públicas[80].

Entre as formas de atuação junto aos parlamentares, os relatórios trazem audiências formais e informais, no caso destas fora da agenda oficial, descritas como "encontros de corredor" e de "antessala" (relatório do período 1993-1995). Salienta-se que, em diversas ocasiões, os documentos analisados indicam que essa atividade se realizou em conjunto com a Assessoria Parlamentar do MPF, o que sugere comunhão de esforços entre servidores públicos (integrantes da carreira de servidores do MPF) e funcionários privados (ligados à ANPR), algo não previsto em lei.

Vale dizer que, a partir desse segundo período, observa-se com clareza que a ANPR promove o engajamento dos procuradores da República no trabalho de "elaboração legislativa", o que inclui todas as etapas do processo legislativo. Detalhe importante é que essa atividade não se limita aos estatutos jurídicos e temas que dizem respeito ao MPF, mas inclui temas estranhos ao próprio sistema de justiça (Quadro 2). Também, aqui, ressalta-se o papel dos delegados da associação nessa atividade, o que foi intensificado por decisão expressa das lideranças da ANPR nesse sentido, em meados da década de 1990.

Em relação à atividade de comunicação política, ainda que esta existisse no período anterior e já contasse com a colaboração informal da assessoria de imprensa da PGR, passou a ser realizada com investimento em profissional de comunicação[81]. Desde então a ANPR monitora profissionalmente os veículos de comunicação de massa, e faz isso buscando manter um bom relacionamento com a mídia (impressa e televisiva), o que é mencionado

80 Para se ter ideia da sofisticação e profissionalismo dessa atividade, em 1994, além do engajamento da diretoria e colégio de delegados, a associação contava com um programa de informática para coleta e geração de emendas e requerimentos de destaque junto à revisão constitucional, como se observa dos balancetes de gestão do período respectivo.

81 Entre as providências nesse sentido, foi feita assinatura de TV a cabo para monitoramento do noticiário. Há menção expressa do estabelecimento de canal permanente de contato com veículos de comunicação (jornais, sites, rádio e TVs) e de que pautas estratégicas precisavam disseminadas na mídia. Ainda, a ANPR fez recomendação ao MPF para profissionalização da comunicação, a fim de que todas as unidades contassem com assessoria de imprensa.

expressamente nos balancetes de prestação de contas como fundamental para os objetivos da organização, por exemplo, reunindo-se com entidades de classe representativas de interesses setores de comunicação (Quadro 2).

Ainda em relação à comunicação política, desde 1994 observa-se a tentativa das diretorias da associação de disseminar conteúdo visando constituir certa imagem dos procuradores da República perante outras instituições e a sociedade. Conforme deliberação das lideranças associativas, os membros do MPF precisavam se portar publicamente como atores participativos e de importância nos processos decisórios da política nacional[82]. Já no final desse segundo período, esse tipo de postura pública e a disseminação desse conteúdo são vistos pela própria diretoria como mecanismo central para abrir portas no Congresso Nacional e no Palácio do Planalto[83].

Outros três pontos merecem menção com relação a esse segundo período. Em primeiro lugar, nesta etapa inicia-se um projeto de internacionalização da ANPR, com a gestão de Rodrigo Janot na sua presidência, projeto este que caminhou junto com as primeiras movimentações mais visíveis no sentido da condução de investigações criminais por parte de membros do MP, encaminhadas ao Congresso desde então[84]. Esse tipo de movimento, ocorrido em meados da década de 1990, coincide com a participação, por exemplo, de um integrante do MP dos EUA em evento da ANPR e do estabelecimento de uma linha de diálogo entre a associação e o Departamento de Justiça dos EUA (DOJ)[85]. Em segundo lugar, ocorreu na gestão de Rodrigo Janot nítido esforço

---

82 Como se observa do material, por exemplo, relativo à sua luta contra aprovação da chamada "Lei da Mordaça".

83 Para esse fim, iniciam-se, por exemplo as publicações da ANPR em jornais de grande circulação (Folha de São Paulo e Jornal de Brasília), entrevistas para a imprensa escrita e televisa a fim de justiçar posições adotadas pelos procuradores da República. Nesse aspecto, no balancete de 2001-2003 há menção de que a associação se firmou como fonte para a imprensa.

84 No balancete da gestão de Rodrigo Janot, há uma passagem sobre a operação "Mãos Limpas", ocorrida na Itália, tida como referência de atuação no combate à corrupção, experiência que a diretoria da ANPR dizia nesse momento buscar no exterior.

85 Vide prestação de contas de Rodrigo Janot à frente da ANPR, o que depois se repetiria no curso da "Lava Jato" (Viegas, Loureiro & Toledo, 2020). Em relação à internacionalização, na mesma gestão de Rodrigo Janot houve estreitamento de relações com associações de classe congêneres à ANPR na América Latina.

de aproximação da ANPR com associações do MP e da magistratura, inclusive visitas a ministros do STF. Essa aproximação coincide com a tramitação das Reformas Administrativa e do Judiciário no Congresso, e sinaliza para uma atuação coordenada das associações (ANPR, demais associações do MP e da magistratura) na defesa de seus interesses corporativos comuns.

No segundo período, destacam-se ainda os encontros nacionais organizados pela ANPR anualmente, denominados ENPRs[86]. Voltados para promoção do conhecimento, aprimoramento e reflexão sobre as diferentes formas de atuação dos membros do MP brasileiro e do MPF, constituem-se, na realidade, em um importante momento de socialização. Como são colocados em pauta nos ENPRs a definição de diretrizes e traçadas metas de atuação tanto para a ANPR como o MPF, o que é objeto de deliberação, essa interação se mostra uma socialização essencialmente política entre os integrantes do MPF/ANPR e fundamental para governabilidade das duas organizações.

Essa forma de socialização política fica ainda mais nítida com a participação, em diferentes ENPRs, de integrantes dos três Poderes da União, em especial do Congresso Nacional, como líderes do governo e de bancadas partidárias, mas incluíram também pessoas influentes da área da comunicação, do meio acadêmico e de setores organizados da sociedade[87]. Nesses encontros, os elementos externos ao MPF, como políticos profissionais, empresários e representantes da sociedade civil organizada, discutem com os procuradores da República temas amplos, que não se limitam a questões corporativas dos integrantes do MPF, como em relação ao Estado e à democracia no

86 Os ENPRs têm duração de vários dias e ocorrem normalmente em resorts pelo país, reunindo procuradores da República, seus familiares e amigos convidados. Contam com o patrocínio privado, como, por exemplo, no biênio 2001/2003, em que a ANPR arrecadou R$ 828.000,00 (oitocentos e vinte e oito mil reais) para seus eventos, destes a maior parte oriunda da Caixa Econômica Federal (CEF) e da Fundação Norbert Odrebrecht. Vale dizer que a CEF é parceira da ANPR na organização dos ENPRs, passando de R$ 1.000.000,00 (um milhão de reais) em patrocínios nos últimos 10 anos (vide: relatórios analisados).

87 As informações sobre os ENPRs, como em relação aos temas e participantes, encontram-se na página oficial da ANPR na internet.

Quadro 2. Síntese das ações das diretorias da ANPR entre 1993 e 2002 (segundo período)

Diretoria	Ações
1993 - 1995	Entrada em vigor e implementação da LC n. 75/1993. Revisão constitucional: estratégia de apresentar propostas ampliando leque de atuação do MP. Reforma do estatuto da ANPR. Surgimento da figura do suplemente de delegado. Inclusão de um diretor para aposentados na diretoria. Contratação de assessor de imprensa. Criação do conselho fiscal. Monitoramento da imprensa. CSMPF como um dos principais temas dos encontros realizados pela ANPR. Interação com políticos profissionais nos eventos, como Marco Maciel (PFL) e Michel Temer (PMDB), e representantes da Igreja, como o presidente da CNBB, Marcelo Carvalheira, que defendeu a integração da sociedade civil e o MP para solucionar problemas nacionais.
1995 - 1997	Atividade intensa da comissão de acompanhamento de reformas constitucionais (previdência, administrativa e judiciária). Participação na elaboração da proposta legislativa de criação da ESMPU. Inclusão de um diretor para aposentados na diretoria. Atuação integrada com associações de classe (CONAMP, AMB, AJUFE, CNPG) no processo de reforma constitucional e de projetos de lei. Internacionalização da ANPR. Criação de comissões temáticas de direito civil, processual civil, difusos e coletivos, constitucional, penal e processual penal. Apoio da assessoria parlamentar da PGR na atuação da ANPR. Estabelecida linha de diálogo e negociação com o DOJ dos EUA para aperfeiçoamento dos membros do MPF na área criminal. Disciplina do auxílio moradia como pleito da ANPR. Abertura da página da ANPR na internet.
1997 - 1999	Tramitação da "Lei da Mordaça" (PL n. 2961/97). Reforma administrativa, da previdência, tributária e do Judiciário. Criação da ESMPU. 1º Informativo eletrônico da ANPR e publicação do Jornal da ANPR. Internacionalização: ingresso na IAP e encontros com associações congêneres de Portugal e Argentina. Publicação "O Ministério Público Federal e a Administração da Justiça no Brasil". Reestruturação da Fundação Pedro Jorge. Contato diário com a assessoria parlamentar para acompanhamento do Congresso Nacional. Disponibilização aos associados do material produzido pelo Congresso. Contratação de assessor parlamentar para melhoria do sistema de monitoramento do Congresso Nacional com a CONAMP*. Constituída comissão sobre a reforma do Judiciário. Intensa atuação dos membros da diretoria nos Estados. Implementação do boletim eletrônico. Contratação de assessoria de impressa para acompanhamento permanente dos meios de comunicação. Fomento de "bom relacionamento com a imprensa". Retomada de diversos pleitos remuneratórios, vantagens e auxílios. Ajuizamento de ações de interesse da classe (judicialização). Aprovação do regimento interno da diretoria. Pesquisa de opinião realizada com os associados, desenvolvida com o IDESP.

*O que aparece também em livro-homenagem à CONAMP (Netto, 2009)

Diretoria	Ações
1999 - 2003	Tramitação da Reforma do Judiciário (EC n. 45). "Lei da Mordaça" (PLC 65/99). Aprovação de 304 novos cargos de procurador da República. Reforma da previdência. Eleições para os cargos de procurador-chefe, procurador regional dos direitos do cidadão e procurador regional eleitoral. Ampliação do quadro de funcionários da ANPR. Encaminhamento da primeira lista tríplice da ANPR para indicação do PGR à Presidência da República e pretensão de mudança da CF/88 para incluir esse procedimento. Equivalência de prerrogativas com os membros do Judiciário. Discussões a respeito da PAE. Estreitamento das relações da ANPR com entidades internacionais, especialmente com a IAP. Cursos de especialização em Portugal e Itália (2000). Fortalecimento da comunicação online – informativos. Jornal da ANPR. Incentivo à profissionalização e intensificação das atividades de assessoria de imprensa nas unidades do MPF. Reuniões com ministros de Estado e o presidente da República (FHC). Intensificação do contato com parlamentares e ministros do STF. Monitoramento constante do CSMPF e CCRs. Atuação junto ao Congresso Nacional intensificada via bancadas locais (Estados e DF) pelos delegados. Mobilização da imprensa e da opinião pública com o objetivo declarado de posicionar esta última. Intensa mobilização da ANPR em torna da ABI, ANJ, Abert e Fenaj. Notas distribuídas à imprensa ou pagas para publicação em jornais. Atuação junto a integrantes do governo, parlamentares, CNBB. Seguidas reuniões da diretoria da ANPR com lideranças partidárias. Atuação conjunta com a Assessoria de Articulação Parlamentar do MPF. Organização de PLs e de PECs. Internacionalização crescente, com a presença de conferencistas da Itália, Portugal e Argentina em eventos da ANPR. Pautas corporativas, como auxílio moradia e PAE, encaminhadas ao Congresso Nacional em conjunto com outras associações de membros dos ramos do MPU.

Elaboração própria. Fonte: ANPR

Brasil, reformas e políticas públicas[88]. Dada a importância dessa atividade para a ANPR, a partir de 1995 a sua diretoria incentivou a organização e a realização de seminários estaduais com os mesmos propósitos, que passaram a contar com a atuação direta dos delegados da ANPR no âmbito subnacional.

88 Cita-se, por exemplo, a informação contida no relatório de prestação de contas referente à gestão 1993-1995, segundo o qual a ANPR se consolidou junto aos parlamentares (Congresso Nacional) como entidade voltada não apenas para preocupações corporativistas dos membros do MPF, mas para a solução de problemas institucionais, ou seja, de envergadura nacional e afetas ao funcionamento do Estado brasileiro, o que se repetiu sem seguidos ENPRs.

3.4.3 Terceiro período: 2003 a 2019

O terceiro período é o de maior intensidade de todas as atividades identificadas nos cinco eixos. Aos eixos da ação política da associação (administração do MPF, legislativo/parlamentar e comunicação política), adicionam-se mais claramente outros dois, mais articulados e orientados para os objetivos da organização, quais sejam: a provocação do Poder Judiciário e a atuação coordenada da ANPR com outras associações de classe. Essas duas últimas atividades existiam, mas se intensificam e se aprimoram, principalmente depois da criação do CNJ e o CNMP pela EC n. 45 de 2004.

No caso da atuação sobre a administração do MPF, a ANPR se consolidou no poder, exercendo verdadeira "situação de comando" (Reed, 2010), controlando também diretamente a agenda do CNMP[89]. Retomando rapidamente, a ANPR buscou compor com maioria o CSMPF e as CCRs, e por decorrência do acolhimento da lista tríplice da associação durante os governos petistas para escolha do PGR, as lideranças da ANPR puderam ditar os rumos do MPF e a agenda do CNMP sobre todo o MP brasileiro, não apenas a partir da ocupação das posições de topo nessas estruturas, como igualmente com maioria no caso dos órgãos colegiados[90].

Em relação à atividade legislativa/parlamentar, a partir de 2003 ela contou com a colaboração imprescindível da ASSART do MPF, o que é mencionado expressamente nesses termos nas prestações de contas do período[91]. Destaca-se neste item a

89 Os desdobramentos dessa consolidação de poder sobre o MPF e o CNMP encontram-se delineados nos dois capítulos anteriores desta tese, por isso não serão retomados aqui.

90 O PGR preside o CNMP. No período, intensificou-se o controle da ANPR sobre o CNMP e o CSMPF (acompanhamento de sessões de ambos e monitoramento de projetos, resoluções, processos administrativos e judiciais). Como exemplo do tipo de interação entre a associação e a administração superior do MPF, menciona-se o lançamento de editais e livros em parceria da ANPR com as CCRs, vide relatórios analisados. Almeida (2010) já havia constatado que a presidência do CNMP exerce considerável poder de agenda sobre o órgão.

91 A ANPR junto ao Congresso Nacional durante a tramitação da PEC 358/2005 (Reforma do Judiciário, que criou CNJ e CNMP), mas, também, na reforma política eleitoral, em relação aos projetos de lei n. 289/2005, n. 313/2005 e n. 288/2005, e em mudanças pontuais do Código Penal e do Código de Processo Penal. Contou, recorrentemente, com a colaboração da PGR para tanto.

condução do projeto "Direito e Democracia", desenvolvido pela associação em conjunto com a administração do MPF, visando aproximar o mundo jurídico do mundo da política. Na prática, o projeto serviu para maior interação com o Congresso Nacional, ao fomentar o estreitamento entre os procuradores da República e os parlamentares, incluindo lideranças partidárias que participaram dos ENPRs e passaram a ter presença sistemática nos encontros anuais, estratégia esta que consta do material analisado e assumida pela diretoria para essa finalidade.

Destaca-se ainda em relação ao eixo de atuação legislativa/parlamentar que um dos principais expedientes adotados pela diretoria da associação para estreitar as relações com o Congresso Nacional foi a emissão de "notas técnicas" [92] para Câmara e o Senado. As reuniões com parlamentares e as audiências públicas, na Câmara e no Senado, também foram registradas pela associação como expressão da melhoria do relacionamento com parlamentares no período[93].

Entre 2007 e 2011, a associação realizou o monitoramento de mais mil proposições legislativas no Congresso Nacional que envolviam interesses não apenas restritos dos membros MPF, mas, igualmente, as atividades da Defensoria Pública, das Polícias, do Judiciário e estatutos de leis sobre diferentes temas[94]. Nota-se que, a partir de 2011, as relações entre ANPR e o Poder Legislativo ganharam ainda mais força com a agenda do

92 As "notas técnicas" são objeto de um estudo específico realizado pelo autor. São um expediente que visa justificar tecnicamente um determinado posicionamento, na forma de parecer especializado. De acordo com uma análise preliminar do conteúdo de mais de uma dezena delas, justificam um posicionamento político sobre diferentes assuntos revestidas de fundamentação jurídica.

93 Apenas em 2011, fora 57 audiências com parlamentares apenas, sendo que, em agosto daquele ano, foram 16 audiências, com a ida do colégio de delegados ao Congresso Nacional. Em 2015, por exemplo, foram mais de 80 notas técnicas expedidas aos parlamentares e três ofícios à presidente Dilma Rousseff recomendando sanção ou veto. Nesse mesmo ano, mais de 50 parlamentares foram contatados pela ANPR.

94 A ANPR elaborava relatório semanal das atividades do Congresso Nacional e de resultados da pauta legislativa (comissões, plenários e audiências públicas). Também, possuía no período um banco de dados com as proposições, agenda de eventos políticos e dos parlamentares. Realizava o monitoramento da pauta das reuniões ordinárias e audiências públicas nas comissões e, também, das votações e discursos nos plenários. Travou intensa luta para que vencimentos, salários, soldos, subsídios, verbas de representação, abonos, prêmios, adicionais, gratificações, horas-extras e auxílios, como de moradia, não integrassem o teto. Dentre os parlamentares, o Senador Randolfe Rodrigues (REDE) aparece com destaque no relatório da ANPR, posicionando-se contra a proposta da lei de abuso de autoridade que criaria limites e punições mais severas aos membros do MP brasileiro.

combate à corrupção e, especialmente, a "Campanha Brasil contra a impunidade", que buscava o arquivamento da PEC n. 37[95].

Na esteira da "Lava Jato", em 2015, o projeto de lei "10 Medidas Contra a Corrupção" contou com intensa atuação da diretoria e delegados da ANPR no Congresso Nacional e por todos os Estados. Ao final desse terceiro período, no governo de Jair Bolsonaro, em 2019, a ANPR foi colocada à disposição de Sergio Moro para colaborar com a sua gestão no Ministério da Justiça e com suas proposições normativas, referentes ao "Pacote Anticrime", conforme relatório de prestação de contas da associação.

Nesse terceiro período, a ANPR buscou chancelar novas formas de interação do sistema de justiça com o mundo político, mobilizando a opinião pública concomitantemente. Por isso, outro eixo que se revela relevante a partir da atuação das diretorias da ANPR refere-se à comunicação política, tanto aquela voltada para o ambiente interno do MPF como para o público externo. A profissionalização da atividade de comunicação é notória[96], como resultado da estratégia de marketing institucional da ANPR em deliberada sintonia de esforços com a administração do MPF. Ou seja, novamente se observa do material analisado a atuação conjunta da ANPR com o MPF, o que pressupõe o estabelecimento de relações de obediência e hierarquia peculiares entre funcionários privados (associação) e servidores públicos (MPF), em que pese não se tenha localizado nenhum convênio ou formalização desse tipo de atividade, que escapa das regras de direito administrativo (vide: art. 37 da CF/88 e estatutos dos servidores públicos).

Compondo a estratégia de comunicação política da ANPR, inicia-se em 2003 uma série de campanhas e assinaturas de convênios com entidades e setores organizados da sociedade

95 Nesse ponto, observa-se a atuação conjunta da ANPR com associações de classe das Polícias. A ANPR participou do Gabinete Integrado de Segurança Pública (GISP), criado em 2014, que foi coordenado pela associação em 2017. Apenas para fins de contextualização, vale lembrar nesse momento o STF julgava a AP n. 470 ("Mensalão").

96 Em 2005, entrou em vigor um "Plano de Comunicação", mudando de dois para três profissionais de comunicação e mais três estagiários da mesma área, que desenvolveram o Portal da ANPR na web.

civil sobre diversos temas, como: democracia, sustentabilidade e meio ambiente, combate à corrupção, e, no final, discussão sobre gênero, neste último caso já durante a gestão de Raquel Dodge na PGR (2017-2019)[97]. Como observado no material constituído pelas prestações das contas de 2003 a 2019, embora todos os temas sejam relevantes, essas campanhas visaram à ampliação da inserção ANPR no debate político nacional, marcando sua presença no noticiário da mídia escrita, falada e televisiva. Prova disso é que o relatório do 2007 afirma expressamente que os procuradores da República têm um papel político a cumprir no Brasil, e que a atividade de comunicação é crucial para que esse papel seja desenvolvido a contento.

Desde então, a assessoria de comunicação da ANPR passou a se chamar departamento de comunicação (DECOM) e a atuar cada vez mais próxima da grande imprensa[98]. Nesse momento, é expressivo o esforço da diretoria em firmar a ANPR como interlocutora do MPF com a sociedade, valendo-se do conteúdo informativo produzido e disseminado pela própria associação e da sua relação com os veículos de comunicação de massa[99]. Ainda em relação ao eixo de comunicação, entre 2011 e 2015 a ANPR cria os perfis nas redes sociais Twitter e Facebook e passa a se preocupar com o número de seguidores, em busca por visibilidade. Inclusive, a associação considera as redes sociais um termômetro da credibilidade da ANPR e do MPF, o que consta expressamente do material analisado.

---

97 A campanha "ANPR contra a impunidade" (2003 – 2007) pode ser considerada a primeira voltada para o grande público, com atos por todo o país, capilarizada pelos delegados da associação e impulsionada pela comunicação em mídia escrita, falada e televisiva, que obteve adesão de entidades da sociedade civil. Nos relatórios, há passagens mostrando a atuação cada vez mais intensa da ANPR no sentido do poder de investigação criminal dos membros do MP, associando, por exemplo, os poderes do MPF à ideia de que voltam como garantia em favor da sociedade. Na mesma esteira das campanhas e convênios realizados, a ANPR inclui a estratégia de assumir uma imagem voltada para a responsabilidade social.

98 Nesse momento, a DECOM mantinha uma lista de e-mails com os contatos dos principais veículos e jornalistas que cobrem Judiciário e o MP para os quais eram enviados sistematicamente material, a fim de manter a presença dos assuntos de interessa da ANPR na mídia. No relatório de 2011-2013, a associação se diz procurada diariamente pela mídia para a busca de fontes e declarações de repercussão nacional.

99 Nos relatórios, é expressamente mencionado que o MPF deveria investir em comunicação, com ênfase no que chama de "formadores de opinião", ou seja, instituições, jornalistas, celebridades, pesquisadores e educadores de diferentes áreas, devido ao seu efeito multiplicador.

No curso da "Lava Jato", por exemplo, a diretoria atuou com intensidade na área de comunicação em todas as frentes de mídia escrita, falada, televisiva e nas redes sociais[100]. Apenas no período 2015-2019, a ANPR monitorou mais de 5.000 menções à associação na mídia impressa e eletrônica (somando mais de 12 mil em quatro anos). Na época, a sua equipe de comunicação foi responsável pela assessoria de imprensa, web, conteúdo, métricas e monitoramento de mídia, e, também, pela lista tríplice de 2017 (coletivas de imprensa, anúncios etc.), mantendo-se de prontidão para respostas às manifestações de divergências para com a lista em qualquer âmbito, seja ele institucional ou na sociedade.

Em relação ao eixo da atividade judicial da associação, a defesa dos interesses corporativos ganhou força perante o STF no período (2003 – 2019), como indicam os relatórios analisados. Temas como imposto de renda, auxílio moradia, fundo de assistência jurídica foram objeto de ações judiciais no STF. A ANPR contratou Aristides Junqueira, ex-PGR e diretor da associação, como advogado para tratar de questões politicamente sensíveis para o MPF naquela Corte, entre as quais o poder de investigação do MP. Foram ainda objeto de questionamentos judiciais sanções e resoluções do CNMP sempre que os interesses corporativos dos membros do MPF se viram ameaçados. Se essa atividade de judicialização existia antes, pode-se dizer que ela se intensificou depois da criação do CNJ e do CNMP, como forma para resistir ao controle desses órgãos, como já constatou a literatura (Coutinho, 2021).

No que tange à atividade coordenada entre associações de classe, no ano de 2007 foi criada a FRENTAS[101], coincidindo com a entrada em funcionamento de CNJ e CNMP. A FRENTAS se constituiu como uma coalizão associativa, o que antes era inviável por divergências entre as associações, de acordo com o próprio material analisado.

100 Uma amostra da intensidade e do conteúdo disseminado pela ANPR nas redes sociais, em conjunto com a comunicação oficial do MPF, pode ser encontrada em uma pesquisa exploratória sobre os usos políticos do Twitter do MPF (Viegas & Xavier, 2021).

101 A FRENTAS é composta pela ANPR e pelas seguintes entidades: ANAMATRA, ANPT, AJUFE, AMB, AMPDFT, ANMPM, CONAMP e AMAGIS/DF.

Na Assembleia Nacional Constituinte, por exemplo, embora as associações do MP tenham atuado no mesmo sentido em relação a alguns temas (Arantes, 2002; Kerche, 2009), divergências entre a ANPR e a CONAMP foram mencionadas nos relatórios de prestação de contas[102]. Além disso, a FRENTAS é uma coalizão que integra diferentes associações e seguimentos da burocracia jurídica do Estado que buscam somar força política de entidades representativas de interesses de membros do Judiciário e do MP brasileiro[103].

Por fim, e não menos relevante, no relatório de prestação de contas de 2009-2011 verifica-se a contratação pela ANPR de uma empresa de gestão empresarial para o desenvolvimento do planejamento estratégico, baseado em resultados mensuráveis[104]. No Planejamento Estratégico 2009-2014, observam-se as metas a serem atingidas para o crescimento da associação, sendo importante mencionar que o mesmo modelo foi utilizado pelo CNMP durante a gestão de Roberto Gurgel, ex-PGR que presidiu a ANPR, para aplicação sobre todo o MP brasileiro. Assim, o modelo de gestão estratégica da associação, típico de uma empresa privada, passou a ser utilizado como modelo pela administração pública tanto no CNMP como nos MPs da União e dos Estados.

No mapeamento organizacional da ANPR realizado pela empresa contratada, foi central o papel das lideranças da associação na constituição da estratégia de ação política da sua diretoria[105]. Mapeou-se a realidade interna e externa da ANPR, passando a ser aplicada a governança corporativa na associação, alinhada às decisões estratégicas traçadas pelas lideranças. Reforçou-se o estreitamento da ANPR com a administração do MPF, o que aparece no

102 Divergências que ficam evidentes ao analisar os posicionamentos da ANPR e da CONAMP, vide material analisado nesta pesquisa e livro homenagem à CONAMP (Netto, 2009).

103 O então PGR Antonio Fernando, que teve atuação destacada na ANPR na sua trajetória profissional, conduziu reuniões organizadas pela associação e que contaram com a presença da CONAMP e da AJUFE, como, por exemplo, na ocasião em que 16 parlamentares participaram de um café promovido pela ANPR em 2007. Na ocasião, o PGR e as associações discutiram diversas pautas voltadas para aumento de vencimentos (PAE, auxílio moradia etc.) direcionados ao Congresso Nacional, CNMP e ao MPF. Já entre 201 e 2019, observa-se intensa atuação da ANPR com a FRENTAS para aumento dos subsídios dos ministros do STF, com reflexos nas categorias dos magistrados e membros do MP.

104 Conforme a seguinte equação: resultado = definição da estratégia + avaliação da estratégia + gestão da estratégia.

105 Realizaram-se, por exemplo, 26 entrevistas em caráter sigiloso com as lideranças da associação.

Quadro 3. Síntese das ações das diretorias da ANPR entre 2003 e 2019 (terceiro período)

Diretoria	Ações
2003 - 2007	Alteração estatutária: aumento do número de diretorias e previsão dos suplentes. Monitoramento do CSMPF. Intensa atuação junto ao Congresso Nacional: mais de uma centena de PECs e de PLs; elaboração de notas técnicas; anteprojetos de lei e substitutivos; presença nas audiências publicas. Criação de comissões específicas para acompanhamento legislativo. Foco na agenda de combate a corrupção e na reforma política. Na comunicação, ampliação do espaço ocupada na imprensa escrita (Jornal do Brasil, Valor, O Globo, Gazeta Mercantil, Carta Capital) e televisiva (TV Cultura, TV Record, TV Globo e TV Justiça). Campanha contra a impunidade e sobre o voto. Ingresso na CONATRAE. Criação do Boletim dos Procuradores, Notícias ANPR e Jornal C&D. Programas televisivos. Lançamento da TV ANPR na web. Formação da FRENTAS. Mobilização em prol da legitimação da escolha do chefe do MPF pela lista tríplice da ANPR. Período de intensa articulação para ampliação dos vencimentos e encargos. A partir de 2006, atuação intensa no CNMP. Convênio com a Associação Ucraniana de Procuradores, na forma de "cooperação entre entidades".
2007 - 2011	Desenvolvimento do projeto "Direito e Democracia". Revista ANPR notícias. Atuação para aprovação da Lei da Ficha Limpa (LC n. 135/2010). FRENTAS com intensa pauta corporativa no Congresso. Ação integrada com a PGR, CONAMP e AJUFE junto ao Congresso Nacional. Monitoramento do CNMP e CSMPF. Diversas pautas voltadas para aumento de vencimentos (PAE, auxílio moradia etc.) direcionados ao Congresso Nacional, ao CNMP e ao MPF. Intensificação da judicialização no STF. Lançamento do livro "ANPR: 35 anos de lutas e vitórias". Criação da DECOM. Realização do planejamento estratégico da ANPR. Assessoria parlamentar da ANPR passou a trabalhar diariamente junto ao Legislativo e Executivo. Projeto "ANPR e Parlamento: a construção de uma agenda comum" como uma tentativa de atuação mediadora pela ANPR entre MPF e a classe política.
2011 - 2015	Atuação integrada com ASSART – PGR. Mobilização intensa contra PEC 37/2011. Votações de projetos de leis obstaculizadas por intermédio da assessoria parlamentar da ANPR, ou que ingressaram na pauta do Congresso Nacional a pedido do presidente da ANPR, diretoria ou assessoria parlamentar. Forte presença do discurso do combate a corrupção. Pareceria com a Accademia dei Licei em Roma. Parceria coma Faculdade de Direito da Universidade de Coimbra. Revista A República. Revista Digital Omnes. Criação dos perfis da ANPR nas redes sociais (Twitter e Facebook). Inserção no Jornal Nacional, Folha de São Paulo, O Globo, O Estado de S. Paulo, Correio Braziliense, Época, Veja, IstoÉ. ANPR figurou mais de 2.600 vezes no noticiário nacional. Expedição de notas de apoio, "releases". Criação da assessoria da diretoria da ANPR. Essa mesma assessoria realizou uma varredura sobre vantagens pagas a membros do Judiciário e do MP, da União e de todos os Estados, para que a ANPR pleiteasse essas vantagens aos integrantes do MPF.

Elaboração própria. Fonte: ANPR

Diretoria	Ações
2015 - 2019	Forte atuação junto Congresso Nacional em torno do projeto "10 medidas Contra a Corrupção" (2016) em sintonia com a "Lava Jato". Articulação no Senado em torno do projeto de lei de abuso de autoridade. Reforma da Previdência. Forte pauta em torno do orçamento e da recomposição remuneratória. Alteração estatutária (2019) para regulamentação da lista tríplice. Pauta da recomposição dos subsídios. Foco nas redes sociais da ANPR. Projeto Memórias – aprendendo com mulheres que construíram nossa instituição. Proposta de Teletrabalho para o MPF. Encontros internacionais (Índia e China). Reforma do Estatuto ANPR – 2016. Ações pela FRENTAS (coordenação em 2018). Senador Randolfe Rodrigues (REDE) aparece como interlocutor no Senado. Expedição de dezenas de "notas técnicas" ao Congresso e ao CNMP. Ajuizamento de ações no STF. Presença do ministro do STF Luiz Fux nos eventos da ANPR. Ampliação da comunicação política, em especial digital, tida como termômetro de credibilidade. Crescimento do Facebook da ANPR em 400%, na esteira da "Lava Jato". Criação do perfil no Instagram. Forte inserção na imprensa. Mais de 7.700 menções à ANPR na mídia impressa e eletrônica e nos principais veículos, sendo eles: Folha de São Paulo, o Globo, Estadão, Veja, Época, IstoÉ, Rádio CBN, Jovem Pan, Jornal Nacional e Bom dia Brasil (crescimento de 230% em relação ao período anterior, dados da ANPR). Questões remuneratórias sempre presentes. Dezenas de notas informativas e de desagravo expedidas. Termo de cessão de uso: pagamento simbólico do valor de um salário-mínimo pela utilização da estrutura do MPF, além das despesas de energia elétrica, limpeza e vigilância. Poupança para compra de sede própria.

material como principal objetivo estratégico indicado pelas lideranças da associação, seguido pela perspectiva de fortalecimento da imagem dos procuradores da República perante a sociedade, ou seja, a necessidade de reforço da comunicação política[106].

Vale ainda dizer que, no mapa estratégico da ANPR, definiu-se a busca por maior interlocução com a sociedade civil, o que passava pela comunicação que a associação desenvolvia e interação que seus associados realizavam com o Congresso Nacional. Nesse ponto, a governança da ANPR previu o desenvolvimento de competências de assessoria parlamentar.

106 Esses dois aspectos serão discutidos na seção a seguir, principalmente devido às implicações para o funcionamento da burocracia pública (MPF) que exerce o monopólio da ação penal.

Com isso, o mapa de atuação estratégica da ANPR reforçou ainda mais os pilares de sua histórica atuação sobre a administração do MPF, o Congresso Nacional e na área de comunicação política, o que, conforme dito anteriormente, foi espelhado pelo MP brasileiro a partir do CNMP, que expediu regulamentações nesse sentido (Viegas, Loureiro & Abrucio, 2023), conforme mencionado nos relatórios analisados.

3.5 Discussão: a luta pela institucionalização e a mudança da trajetória social pela organização de "procuradores políticos"

A análise das atividades desenvolvidas pelas diretorias da ANPR em torno dos cinco eixos principais de atuação, que se observam do material analisado desde a sua fundação, indica o sentido político das estratégias de suas lideranças ao longo do tempo, apontando para os processos que marcam a trajetória da organização, com os seus momentos de adaptação, recuo e avanço. As principais estratégias das lideranças da organização giraram em torno da administração do MPF, legislativa-parlamentar, comunicação política e, nas duas últimas décadas, da via judicial e da coordenação associativa. As mudanças nas formas de atuação em cada um desses cinco eixos indicam que as diretorias se adaptaram ao contexto político e social, acompanhando também a evolução do Direito, da jurisprudência e da tecnologia, o que lhes permitiu novas formas de monitoramento e de intervenção.

Contudo, no aspecto que sugere continuidade, que perpassa mudanças nos estatutos jurídicos[107] e diferenças nos modos de atuação, sobressai uma confusão entre o mundo privado (ANPR) e o público (MPF) durante quase 50 anos. Essa confusão – um problema, aqui, sociopolítico, e não jurídico – apresenta-se desde a

107 Desde a fundação da ANPR, cita-se como exemplos a CF/88, a LC n. 75/93. Mas, houve aprovação de uma série de leis sobre direito penal e defesa de direitos desde então, como retrata um estudo recente sobre a expansão do espaço formal de ação do MP e como seus integrantes realizam a ativação estratégica de partes do ordenamento jurídico (Viegas, et. al. 2022).

fundação da ANPR, e não se resume à utilização do patrimônio público. Nesse aspecto, vale dizer que a ANPR não tem reconhecimento público como entidade privada de interesse público, como são os casos de organizações do terceiro setor, razão pela qual não pode ser mantida diretamente com recursos públicos (Estado).

Diversos outros achados permitem sustentar que a imbricação entre o privado e o público orienta as ações das lideranças da ANPR, esta se constituindo como uma espécie força *privatizante* da burocracia responsável pela ação penal e a defesa de direitos[108]. Sob a matriz institucional da CF/88, normativamente democrática e republicana, as lideranças da associação buscaram controlar a administração superior do MPF, ocupando as posições de chefia, monitorando e intervindo constantemente nas decisões que ditam o funcionamento da burocracia pública, de forma administrativa e judicial. Depois da criação do CNMP, a luta para definir os contornos do controle sobre os demais ramos do MP brasileiro também se verificou naquele órgão.

Ressalta-se que essa ação – luta para ocupar posições e definir os contornos do controle, que incide sobre o comportamento de integrantes dessa burocracia e de outros ramos do MP brasileiro – aparece em diferentes momentos, voltada para os níveis intermediários do MPF e para o CNMP, consolidou-se com o acolhimento da lista tríplice da ANPR, entre 2003 e 2017[109].

Na atuação sobre o eixo legislativo-parlamentar[110], a agenda da ANPR se confunde com o MPF. Isso é, até certo ponto, uma

---

108 Nesses termos inclusive, mencionou-se a força privatizante da ANPR sobre o MPF em decisão judicial do TRF da 3ª Região (São Paulo), em voto do desembargador federal Fábio Prieto. Conferir autos de Apelação Cível (198) n. 5007746-46.2017.4.03.6100. Disponível no endereço eletrônico do TRF3, jurisprudência (https://www.trf3.jus.br/) (Acesso em: 10 dez 2021).

109 Conforme visto no capítulo anterior, nos aspectos que sustentam firmar a "situação de comando" (Reed, 2012) da organização privada sobre a pública. Entre eles, a associação promoveu o que chamava de "democratização" do MPF, no intuito de que os cargos intermediários de chefia, como das Procuradorias Regionais, fossem ocupados por procuradores eleitos pelos pares da respectiva circunscrição, e não fossem designados pelo PGR. Acontece que isso mais parece uma estratégia de legitimar a "situação de comando", pois a ANPR se encontra organizada para tanto para vencer essas disputas, inclusive nos Estados por seus delegados.

110 No que foi denominado "processo de negócios" no diagnóstico organizacional, o acompanhamento legislativo ocupava o topo da lista de prioridades, seguido de manutenção da paridade com os membros do Judiciário, ações em favor do prestígio da classe e monitoramento do CSMPF e das CCRs.

obviedade, pois o orçamento do MPF depende do processo que envolve o Legislativo e o Executivo federais, tem implicações para a ANPR, que se utiliza do patrimônio público (MPF) e tem como principal fonte de recursos o desconto em folha fixo (percentual), que variará conforme aumentam os vencimentos percebidos pelos procuradores da República associados.

Mas essa imbricação não deriva apenas daquilo que se espera de uma associação de classe, quanto à defesa de interesses corporativos e pautas remuneratórias. A ação das lideranças ANPR engloba uma agenda de poder que se dirige para dentro e fora do MPF, neste caso (fora) a partir da estrutura pública. Dito de outro modo, o agigantamento do MPF, considerando o espaço formal de ação dos seus membros (Viegas *et. al.*, 2022) e o seu orçamento e capacidade de controle (Londero, 2021), configura ampliação do espaço de ação política das lideranças da ANPR, o que, ao afinal, resulta em mais poder burocrático passível de ser convertido em exercício de político pela instrumentalização dos mecanismos institucionais do MPF – expressão da face oculta do poder das lideranças MPF/ANPR.

Entre as formas de atuação que ilustram essa imbricação, em relação ao projeto de poder das lideranças da ANPR, menciona-se que a associação fomenta e organiza encontros nacionais e regionais que promovem a socialização política entre os integrantes do MPF, entre estes e parlamentares e integrantes do governo nos diferentes níveis da federação, bem como entre os procuradores e pessoas ligadas a outras instituições, como o Judiciário, imprensa e sociedade civil organizada. Observou-se que essa estratégia envolve temas de interesse corporativo, todavia tem implicações para o Estado brasileiro, como no caso de reformas constitucionais, sobre direitos civis e sociais, administrativas e econômicas.

A confusão ANPR/MPF verificada no eixo de atuação legislativa-parlamentar das diretorias da associação fica nítida quando observado que a ANPR se utilizou de recursos (humanos e da estrutura física e tecnológica) do MPF, sobretudo o "capital político" dos ocupantes do cargo de PGR, conforme expressamente dito nos relatórios analisados. Ainda que isso se realize com autorização da administração pública (MPF), é inegável que esse tipo de atividade confunde as duas organizações e ocorre à margem da legalidade estrita – e esse ponto, que aqui se denomina exploração de "brechas" institucionais, é fundamental para compreender a ação dos "procuradores políticos", e será retomado ainda nessa discussão.

Além disso, a atuação "conjunta" (MPF/ANPR) precisa ser compreendida como tendo implicações sobre funcionamento do Legislativo, principalmente devido ao *design* do MPF, que possibilita às suas lideranças instrumentalizar, por exemplo, o monopólio da ação penal sobre parlamentares, se for o caso, o que ainda não foi objeto de análise e discussão nos principais estudos, mesmo entre os que se dedicam ao *lobby* de associações no Congresso Nacional (Arantes, 2002; Mancuso, 2004; Kerche, 2009; Mancuso & Gozetto, 2018; Santos, 2019). Recorda-se da seção anterior nesse capítulo que a peculiar comunhão de esforços entre ANPR e MPF se consumou, por exemplo, para o monitoramento do Congresso Nacional em relação à tramitação de PECs, PLs, audiências públicas, ou seja, diferentes formas de intervenção e articulação junto a integrantes do Legislativo da União.

No que tange à atividade de comunicação política, frisa-se que o tipo de conteúdo criado e disseminado pela ANPR, dentro e fora do MPF, buscou legitimar a atuação dos procuradores da República no exercício do seu ofício público perante outras instituições e a sociedade. Com o passar do tempo, a associação se torna fonte de informação e isso ocorre de modo deliberado por suas lideranças, estrategicamente colocado em prática dentro do MPF e voltado para o público externo, via meios de comunicação em geral.

Observou-se que a atividade de comunicação da associação revela o potencial desta como detentora de informações relevantes para os integrantes do MPF, seja com o conhecimento que detém sobre as atividades da administração do próprio MPF e do CNMP, seja do Legislativo e do Executivo federais e da administração pública em geral. No caminho inverso, de dentro para fora do MPF, apresenta-se como representante do MPF e dos interesses da sociedade. E este aspecto também merece atenção especial.

Considerando a relevância da comunicação política nos tempos atuais para aspectos que dizem respeito à luta organizada pela legitimação (Castells, 1999; Norris, 2001; Coleman, Miguel & Biroli, 2010; Gomes, 2011; Silva, Bragatto & Sampaio, 2016), a via de mão dupla na atividade de comunicação da ANPR se refere ao potencial da organização privada para interferir no comportamento dos membros do MPF e na opinião pública. Neste último aspecto, assume-se como fonte da imprensa e canaliza para os diferentes tipos de mídia (escrita, falada, televisiva, redes sociais) informações que reputa relevantes no intuito de ocupar cada vez mais espaço no campo da comunicação pública.

No mesmo sentido da confusão ANPR/MPF, a atividade judicial da associação cresceu com o passar do tempo, desde o início preservando a defesa de interesses corporativos, por exemplo em relação à sua histórica luta por paridade remuneratória com a magistratura. Na passagem nos anos 1990 para os 2000, esse processo continuou a se intensificar e envolver outros assuntos. A associação passou a demandar judicialmente contra decisões da PGR e dos órgãos colegiados internos (CSMPF), o que se intensificou com criação do CNMP (EC n. 45/2004) e, também, contra atos e resoluções deste Conselho, o que se encontra quantificado em uma pesquisa específica sobre o assunto (Coutinho, 2021).

Nesse mesmo contexto, juntamente com outras associações de classe da magistratura e do MP, a ANPR lidera a formação de uma coalização associativa, denominada FRENTAS. As atividades desta coalização, embora não sejam objeto de análise específica aqui e mereça aprofundamento, envolvem as principais ações das diretorias da ANPR em relação aos eixos centrais de sua atuação, dentro e fora da burocracia pública, voltadas para alcançar objetivos comuns entre diferentes associações de classe do MP e da magistratura, e, também, sobre temas diversos não restritos aos corporativos dos membros do MPF.

Todos esses aspectos foram retomados nessa discussão para facilitar a compreensão acerca dos problemas de ordem teórica e empírica que são enfrentados nesse capítulo e tratar das limitações deste estudo. A ANPR ocupa um lugar indefinido entre o Estado e a sociedade, não sendo possível um enquadramento na tipologia de formas de organização, cujo funcionamento é essencialmente voltado para a luta política. As suas lideranças buscam se colocar perante os Poderes Legislativo, Executivo e Judiciário, bem como se apresentar para a opinião pública como representantes não apenas dos interesses corporativos dos membros do MPF, mas da sociedade brasileira, e esse é um ponto importante para a discussão que se faz sobre o MP brasileiro.

A questão de "representação da sociedade", de suma importância para compreender o espaço que o MP ocupa atualmente no Estado e o protagonismo político de seus membros, acompanha o processo de institucionalização do MP, como assinala uma das principais pesquisas sobre o assunto (Arantes, 2002). Todavia, a "representação da sociedade" aparece no material aqui analisado quando as diretorias da ANPR buscaram se legitimar, como ocorreu de modo evidente durante a Assembleia Nacional Constituinte e no debate sobre a agenda de combate à corrupção e na "Lava Jato".

Portanto, frisa-se que a ideia de "representação" aparece como uma estratégia atrelada à luta travada pelas lideranças da ANPR, que afetaram o desenho do MPF e a própria defesa de direitos difusos e coletivos[111]. Esse componente estratégico de ação política parte de uma elite organizacional, como são as lideranças ANPR/MPF, que buscam maximizar os resultados da luta política, dentro e fora de uma poderosa burocracia de Estado. Tanto que o presente estudo identificou aspectos que permitem dialogar com outra perspectiva teórica, já que a ideia de "representação da sociedade" deve ser tema a ser considerado no processo de isomorfismo institucional (Dimaggio & Powell, 1983).

A ideia de "representação da sociedade" se refletiu na CF/88 e nas leis que organizam o MP e a atividade de seus membros, sobretudo para que se constituísse à imagem e à semelhança do Judiciário, tendo vista as prerrogativas e garantias antes previstas apenas para juízes, incluindo, também, a percepção de vantagens financeiras aos seus integrantes (privilégios). Logo, a ideia de "representação da sociedade" não é propriamente um elemento que empresta sentido para ação dessas lideranças, como aparece na hipótese do "voluntarismo político" (Arantes, 2002).

O que não quer dizer que os membros do MPF não se apresentem como "representantes da sociedade"[112]. O problema está na aceitação da autopercepção dos agentes, e o que eles apresentam como justificativa em busca de legitimidade para suas ações perante os pares, outras instituições e a sociedade, como se fosse a motivação que engendra as ações dos membros da associação.

A ideia de "representante da sociedade" aparece como estratégia mobilizada pela elite organizacional em sua luta por moldar e remodelar o poder e estabelecer a governança na ANPR e no MPF, com repercussão fora desse contexto. Algo mobilizado pela elite dos procuradores, que não é um bloco e apresenta clivagens, mas essa estratégia se mostra um traço constante na

111 Vale lembrar como isso já estava latente na passagem dos anos 1970 para a década de 1980, na luta pela paridade com a magistratura, conforme o material analisado.

112 Almeida (2010) mostra como a luta pela definição do Direito e as disputas no campo jurídico brasileiro incluem a ideia de "representação da sociedade", o que se encontra incorporado na "doutrina" jurídica e na jurisprudência, principalmente no ramo do direito processual civil. Por isso, é plausível que funcione inclusive como requisito de entrada para a carreira do MP.

busca por legitimar a sua luta política, dentro e fora do sistema de justiça, contando com os meios de comunicação para disseminar tal estratégia. Nesse sentido, trata-se de uma estratégia capaz de afetar as relações de poder em três domínios:

i) entre os membros do MP (disputa intra-elite do MP brasileiro), visando definir as posições de poder nesse contexto delimitado, incluindo a agenda do CNMP, o que se verificou antes, não necessariamente nesses termos (Almeida, 2010);

ii) entre membros do MP e demais integrantes do sistema de justiça, ou seja, entre os procuradores e integrantes do Judiciário, das Defensorias Públicas, da Ordem dos Advogados etc. (disputa intra-elite judiciária), nas disputas corporativas e entre as carreiras jurídicas, conforme atestam estudos que se dedicam à sociologia dessas profissões (Bonelli, 2002; Engelmann, 2006; Almeida, 2010), e;

iii) entre os membros do MP e políticos profissionais em sentido estrito, ou seja, nas relações de poder que estabelecem entre os procuradores e senadores, deputados federais, governadores, deputados estaduais, prefeitos e vereadores.

A estratégia de se portar como "representantes da sociedade" estava presente nas ações deliberadas já na passagem do regime autoritário para o democrático e nas sucessivas mudanças de estatutos de leis afetos ao MPF, inclusive nos que se seguiram à promulgação da CF/88, como atesta a documentação analisada. Ganhou força com o passar dos anos e tornou-se evidente na década de 1990, período em que se iniciam as principais análises sobre o MP brasileiro pelo prisma da Ciência Política (Sadek, 1997; Silva, 2001; Arantes, 2002; Kerche, 2009), que também constatam a presença da associação junto a atividade legislativa. Essa mesma estratégia foi observada, só que ainda com mais força, quando a associação passou a controlar a PGR e a agenda do CNMP, em meados dos anos 2000, período em que também passou a mobilizar redes sociais. Assim, intensificou-se juntamente com a tentativa de legitimação das ações dos membros do MPF nos escândalos de corrupção do chamado "Mensalão" e na "Lava Jato".

As lideranças da ANPR se mostram capazes de controlar a organização pública (MPF) e ditar o seu funcionamento concreto. Monitoram o Congresso Nacional, influenciando as decisões dos parlamentares em diferentes temas, não restritas aos interesses corporativos dos seus associados. Instrumentalizam os mecanismos institucionais do MPF, combinando essa ação com a mobilização dos meios de comunicação, neste caso setores tradicionais da imprensa e as redes sociais. Ao fazer isso (instrumentalização dos mecanismos institucionais do MPF combinada com os meios de comunicação), mostram-se capazes de mobilizar a sociedade civil em assuntos que dizem respeito a temas como direito penal, como claramente ocorreu no curso do "Mensalão" e da "Lava Jato", mas, igualmente, em matéria de saúde pública, educação etc., ou seja, em aspectos que se referem ao controle social pelo sistema de justiça criminal e o desenho de políticas públicas[113].

Considerando ainda as relações de poder da ANPR nos três domínios (intra-elite do MP, intra-elite judiciária e com políticos profissionais em sentido estrito), cabe explicitar porque não se considerou a associação como exemplo de uma organização sindical, de grupo de interesse e mesmo de um partido político.

Confrontando as ações da ANPR com um sindicato[114], a associação apresenta, de um lado, características típicas de um sindicato profissional, representativo dos interesses dos seus associados tanto em âmbito nacional, como também de forma descentralizada pelas unidades da federação, e tem uma pauta

113 Apresentando-se como representantes dos interesses sociedade, a agenda de combate à corrupção dos procuradores da República influenciou tanto o impeachment de Dilma Rousseff como o resultado das eleições de 2018, como revelam os estudos que se atentam para as narrativas criadas em torno dessa agenda (Feres Junior & Sassara, 2016; Almeida, 2019; Marona & Kerche, 2021). Assim, essa agenda atrela-se às alterações constitucionais em face do projeto de Estado Social da CF/88. Ainda que esses desdobramentos não sejam resultado de uma ação intencional das lideranças da associação, é inequívoco reconhecer o resultado de suas ações no nexo de causalidade dos eventos políticos recentes.

114 Sindicatos apresentam diferentes formas de organização, recrutamento de seus membros e áreas de atuação, assim como diferentes formas de buscar seus fins institucionais (Rodrigues, 2009). Para esta análise, pelo ângulo da teoria das organizações encontram-se sindicatos associativos e de classe (Pizzorno, 1980). Os primeiros se incumbem, principalmente, dos interesses dos seus associados. Os segundos atendem também interesses de não associados e se valem, normalmente, da ação política.

remuneratória permanente, por atribuição estatutária; de outro lado, diferentemente de um movimento sindical, os procuradores da República se apresentam como integrantes de um Poder de Estado, embora, *jure et de jure*, não o sejam[115]; diferentemente de um sindicato que exerce poder político se fizer uso da sua capacidade de adesão[116], no caso da ANPR isso é possível com a mobilização dos mecanismos institucionais do MPF, que as lideranças da associação buscam controlar[117].

Ademais, sendo uma organização forte, que articula um movimento fragmentado dos procuradores da República, a ANPR apresenta traço mais próximo de um *grupo de interesse*. Destaca-se, novamente, a descrição que a literatura fez de sua ação na Assembleia Nacional Constituinte como um *lobby* bem-sucedido no processo legislativo, nos moldes da atuação de grupos organizados da sociedade civil (Arantes, 2002; Kerche, 2009). Entretanto, salienta-se que *grupo de interesse* e *lobby* não se confundem analiticamente, por mais que comumente sejam conceitos usados de maneira próxima, sendo necessário mobilizar o conceito de *grupo de pressão* que parece que melhor caracteriza a ANPR em alguns momentos.

Há diferenças entre os conceitos de *grupos de interesse*, *lobby* e *grupos de pressão* (Mancuso, 2004; Hillman, Keim & Schuler, 2004; Mancuso & Gozetto, 2018; Santos, 2019), o que não cabe remontar aqui. Para os fins desta discussão, a organização pode se comportar como um *grupo de interesse* que representa os associados perante os legisladores. Assim, age como intermediária entre os seus associados e o Congresso Nacional no processo que se denomina *lobby*. Por sua vez, no *grupo de pressão* há a tentativa de influenciar a distribuição de recursos na sociedade sem

115 Evidencia-se do material analisado essa forma de se apresentar perante as instituições e a sociedade, principalmente nos eixos de atuação legislativa-parlamentar e comunicação política.

116 Como organização, a força de um sindicato depende da sua capacidade de adesão, o que se tem a ver com a relação entre representantes e representados (Rodrigues, 2009), ou seja, com a própria dinâmica política interna da organização.

117 No curso da "Lava Jato", que teve início com Rodrigo Janot na PGR, ex-presidente da ANPR, essa instrumentalização dos mecanismos institucionais do MPF envolveu investigações e processos judiciais, como aponta a literatura (Avritzer & Marona, 2017; Arantes & Moreira, 2019; De Sa E Silva, 2020; Engelmann, 2020; Marona & Kerche, 2021), conduzidos por procuradores designados pela PGR e CSMPF.

participar do processo eleitoral e sem buscar gerir diretamente o poder político, e não se pode descartar que as lideranças ANPR façam exatamente isso em alguns momentos.

Em relação aos traços de um *grupo de pressão*, reitera-se que as lideranças da associação são capazes de instrumentalizar os mecanismos institucionais do MPF, por controlar posições específicas da burocracia pública, portanto, são capazes de atuar sobre o comportamento dos demais integrantes. Pelo fato de compartilharem motivações comuns, o que é perfeitamente presumível, como em torno da manutenção de privilégios que recebem do Estado, e se valerem de sanções ou ameaça de usá-las (investigações, processos judiciais, exposição midiática) para influenciar as decisões de integrantes do Legislativo e do Executivo, a organização pode se constituir em verdadeiro *grupo de pressão*.

Além disso, a estrutura organizativa da ANPR aproxima-se também de um partido político[118], pois a dinâmica interna da associação é intensa, com hierarquização de posições ocupadas pelos procuradores na ANPR. A sua estrutura decisória organiza-se em nível nacional, mas centralizada no âmbito da diretoria. O seu financiamento é compulsório na folha de pagamento dos membros do MPF e só podem integrá-la os procuradores da República. Nesse aspecto político-partidário, ultimamente a ANPR apresenta traços de partido profissional-eleitoral[119].

Com a crescente interação com outras instituições e a sociedade, as lideranças da ANPR precisam apresentar resultados aos seus associados, que vão além dos fins estatutários da associação, uma vez que são avaliadas também pelo sucesso fora da

118 Segundo uma das tipologias de partidos políticos mais conhecidas pela linha organizacional, encontram-se partidos de massas (Duverger, 1970), cuja origem é extraparlamentar, ou seja, na sociedade civil organizada como, por exemplo, em um sindicato. Nesse tipo de partido, a dinâmica política interna é intensa, a disciplina é rígida, há forte hierarquização para acolher as decisões superiores. A articulação é orgânica e estrutural, cada um de seus filiados possui posição definida na organização. Além disso, existe uma centralização da estrutura decisória em nível nacional, seu financiamento é compulsório e o requisito de filiação é rigoroso.

119 Nesse tipo de partido, em termos organizacionais, observa-se o fortalecimento da liderança, que passa a ser avaliada mais pela atividade que exerce perante a sociedade do que pela busca dos fins estatutários do partido. Além disso, o seu financiamento passa a incluir, principalmente, grupos de interesse. Acrescenta-se, aqui, a presença crescente de profissionais experts de fora do partido, ou seja, um processo de profissionalização e terceirização das atividades, como, por exemplo, profissionais de comunicação política (Panebianco, 1995).

associação e do próprio MPF, como atestam as prestações de contas das diretorias. Conforme se verificou, o financiamento das suas atividades passou a contar com recursos externos, como no caso dos patrocínios para realização de eventos (ENPRs). Além disso, devido aos avanços das técnicas gerencial, de comunicação e marketing, a organização profissionalizou e ampliou setores específicos, com profissionais externos da carreira do MPF, como nos casos das áreas de administração, comunicação e informática. Nesse aspecto "profissional-eleitoral", a associação se mostra apta para vencer as eleições internas do MPF, como em relação a lista tríplice para a PGR e para a composição do CSMPF, por exemplo.

Contudo, ao longo do tempo e com a sua constante busca de legitimação, evidencia-se nas ação coletiva das diretorias ANPR a tentativa de representar não apenas os associados – os procuradores da República, mas camadas sociais não organizadas por ela, como setores da Igreja, parte do funcionalismo público "ameaçado" por reformas administrativas e previdenciárias, e camadas da sociedade civil organizada em torno, por exemplo, da discussão fiscal e tributária, como eventualmente são os representantes da indústria e do sistema financeiro, o que foge do contexto do MPF e até do sistema de justiça.

Evidente que a competição eleitoral exercida pelos partidos políticos é justamente o que escapa à associação. Todavia, as lideranças ANPR são capazes, em tese, de influenciar o funcionamento do sistema político, ainda mais se se considerar a sua capacidade de mobilizar os recursos institucionais da organização pública na esfera eleitoral, como, por exemplo perante o TSE (designando procuradores específicos). Soma-se a isso a constatação de que, como resultado da ampliação do espaço formal de ação do MP brasileiro, procuradores da República atuam em toda a cadeia de poder. No caso das políticas públicas, podem atuar em todas as fases do ciclo de políticas públicas como elaboradores de políticas públicas substanciais (Sampaio & Viegas,

2019; Arantes, 2019). Assim agindo, dentro e fora do contexto da ANPR/MPF, é plausível que as lideranças atuem no exercício da função, ainda que indireta, de gestão do poder.

Caberia ainda pensar as atividades da ANPR como forma de captura do Estado (Hellman & Jones; Kaufmann, 2000; Barley, 2007; Innes, 2016; Coelho & Barros, 2021), já que esta inclui a tentativa de moldar o ambiente institucional, fazendo com que o Estado beneficie atores privados, a exemplo das mudanças do ordenamento jurídico (leis em sentido estrito e atos normativos em geral, como regulamentos e portarias) em favor de corporações[120]. Embora o material analisado não ofereça elementos para se afirmar algo do tipo, há fortes indícios de que a ANPR realiza ação fora dos seus fins estatutários em favor de setores não representados por ela, ou seja, para não associados[121]. Entrementes, a ideia de captura do Estado propriamente dita exige ter clara a separação entre o privado e o público, e é justamente isso que não está definido nas atividades da ANPR/MPF.

Por tudo o que foi exposto, parece razoável que a ANPR constitui uma organização *sui generis*, que não se enquadra em nenhuma dessas tipologias de organizações privadas, principalmente no que tange aos mecanismos acionados que permitem a busca por seus fins. Também, é possível demarcar as principais características da associação, que são: *i*) a sua estabilidade, e; *ii*) a forma como as suas lideranças exploram "brechas" institucionais.

Começando pela estabilidade, ainda que este estudo não se volte para os mecanismos de recrutamento e a composição das diretorias da ANPR, a sucessão das lideranças ocorreu sem aparente rompimento em um aspecto fundamental, o que não significa que a organização seja um todo homogêneo e nem que se descarte a luta pelo poder no seu contexto, pelo contrário.

120 No Brasil, diferentes estudos reforçam a ideia do uso de associações de classe, sindicatos patronais e lobby como forma de capturar o Estado (Loss, 2010; Ometto, 2014).

121 É reconhecido o papel que as associações de classe têm como intermediárias para as empresas e setores organizados da sociedade obterem êxito em suas reinvindicações perante o Estado (Ometto, 2014), o que no caso de associações de classe de membros do sistema de justiça carece de mais pesquisa e aprofundamento.

Dentro do que é possível afirmar com base nos dados analisados em relação à ação das diretorias, confrontadas com a literatura especializada e com os movimentos públicos do MPF em torno de uma agenda definida, como a anticorrupção, as decisões no contexto da ANPR sobre as formas de atuação foram tomadas evitando-se retrocessos em relação aos resultados da luta política travada dentro e fora do MPF, adaptando-se às conjunturas políticas – leia-se: **uma luta pela manutenção de privilégios e pelo espaço de ação do que foi conquistado, voltando-se sempre para obtenção de mais privilégios e ampliação do espaço de ação e poder.**

Nesse sentido é que parece haver pouca divergência em relação às estratégias de ação de suas lideranças, ao menos nos eixos centrais de atuação, comparando as diferentes sucessões de diretorias ao longo de quase 50 anos. Essa estabilidade da organização parece possível, dentre outras coisas, pelo que foi mencionado nos dois capítulos anteriores, quanto ao mesmo elemento que sugere continuidade: a confusão entre o privado e o público.

A lógica que confere governabilidade ao MPF e a dinâmica política que define a composição dos órgãos da administração superior da organização pública, respectivamente capítulos primeiro e segundo desta tese, sugerem como as coisas estão definidas: a burocracia pública é submetida a uma força *privatizante* da ANPR. Além disso, há fortes indícios de oligarquização na ANPR e no MPF atrelados ao processo de *privatização* do espaço público pela associação, como também visto nos capítulos anteriores, que assinalam para relações de lealdade orientando o funcionamento da burocracia pública, elemento que reforça os traços patrimoniais, em oposição a uma racionalização burocrática típica ideal, no sentido weberiano. No contexto do MPF, opera uma forte imbricação entre espaços privado e público, observado tanto na trajetória de carreira dos PGRs desde 1988, nas articulações entre o ANPR e MPF para a composição dos órgãos da administração pública e das atividades que a associação desenvolve em comunhão de esforços com o MPF.

No que tange à forma como as lideranças da ANPR exploram "brechas institucionais", evidencia-se que o acúmulo de ações de suas diretorias com o passar do tempo revela que a luta política das suas lideranças se consuma com a instrumentalização política da discricionariedade conferida aos membros do MPF. Ou seja, uma instrumentalização do espaço formal de ação definido pelos estatutos de leis. Essa exploração de "brechas" se evidencia, inclusive, da utilização que a ANPR faz do espaço público.

Instalada junto à sede da PGR desde a fundação, a ANPR só veio a regularizar o uso do patrimônio público em 2017 com um termo de cessão de uso que prevê o pagamento de um salário-mínimo por mês[122]. Como justificativa, ressaltou-se a importância da associação para o MPF, sendo que a "essência" do argumento – o interesse público e/ou da sociedade – se encontra em muitas das atividades da ANPR, principalmente na forma como busca legitimar as ações dos seus associados e dos membros do MPF como um todo nas diversas áreas de atuação. Essa mesma "essência" se encontra, por exemplo, na constante tentativa de constituir uma imagem segundo a qual as atividades da ANPR voltam-se para assegurar o adequado funcionamento do MPF. Ou seja, em relação aos objetivos formais deste, tendo em vista que suas atribuições são imprescindíveis para o funcionamento do Estado de direito e da democracia brasileira.

Contudo, os benefícios diretos e imediatos da institucionalização da ANPR e do MPF e por colocar essas duas organizações em outro patamar ou trajetória, em termos de espaço de poder (o que inclui a luta por autonomia política, recursos orçamentários, leis que ampliam espaços de ação), recaem para suas lideranças e

---

122 O Termo de Cessão de Uso no 02/2017 foi assinado pelo presidente da ANPR, José Robalinho Cavalcanti, e pelo Secretário-Geral da PGR, Blal Yassine Dalloul, por delegação do PGR à época, Rodrigo Janot, que presidiu a ANPR entre 1995 e 1997, antes tendo sido integrante da sua diretoria. Conferir Relatório de Gestão (2017 – 2019), disponível no endereço eletrônico da ANPR.

associados, membros do MPF. No caso da burocracia pública, essa luta tem conformado, ainda que de modo incremental (Thelen, 1999; Mahoney & Thelen, 2010), um amplo espaço de poder passível de ser instrumentalizado pelas suas lideranças não apenas como fiscais da lei, mas voltadas para a mudança institucional ainda mais ampla, conforme se viu na "Lava Jato", fundamental para o *impeachment* de Dilma em 2016 e para a eleição de Bolsonaro em 2018. As lideranças ANPR/MPF influenciaram essas eleições, sem precisar se filiar a partidos políticos e disputar eleições, ainda que se possa cogitar a sua não intencionalidade.

Outras passagens mostram como as lideranças da ANPR exploraram "brechas institucionais" durante todos esses anos. É o que se infere tanto da lista tríplice para indicação do PGR, como da composição dos demais órgãos da administração, do alto e médio escalão da organização pública. Essas lideranças organizacionais atuam para ocupar as posições, por designações ou eleições, em um processo que visa à alteração das regras pela redefinição estratégica da sua aplicação (Thelen, 1999; Mahoney & Thelen, 2010), em todo caso *tensionando* a matriz institucional (estatutos de leis) que definiu a indicação para PGR e a composição dos órgãos do MPF. Lembrando que, no caso de eleições (lista tríplice para PGR e órgãos da administração do MPF), que sugeririam uma forma de democracia no contexto da burocracia pública, a ANPR está organizada para vencê-las e lutar para convencer a opinião pública da legitimidade desses processos eleitorais internos.

Valendo-se da condição que autoproclamam de "representantes dos interesses corporativos" do MPF e, por vezes, até da "sociedade brasileira", as lideranças da ANPR burlam a vedação constitucional de proibição de filiação partidária e exercício do mandato, e operam no sentido da mudança legislativa envolvendo diversos assuntos. Nesse aspecto, monitoram as atividades do Congresso Nacional constantemente, ao ponto de se poder afirmar que elas exercem controle externo sobre o Parlamento, sem que esse seja um fim estatutário da organização privada.

De acordo com os relatórios analisados, não há tramitação de proposição legislativa de interesse da ANPR que escape desse monitoramento. Para tanto, valem-se de mecanismos de acompanhamento, relatórios e expedição de "notas técnicas", às vezes em conjunto com a PGR. No caso das "notas técnicas", dada a sua intensidade e forma com que buscam apoiar e, ao mesmo tempo, convencer os congressistas, muitas vezes embasando-os na tomada de decisão, em audiências públicas e na tramitação de projetos de emenda à CF/88 e de leis em geral, é plausível afirmar que elas constituem uma forma de assessoria jurídico-parlamentar, mesmo que essa atividade seja vedada a membros do MP brasileiro.

Não menos importante, as lideranças da ANPR marcam presença constante nas duas Casas do Legislativo Federal. As diretorias e delegados interagem com os líderes de bancadas e, em especial, com parlamentares que lhes servem de ponte para o Parlamento e para desobstruir eventuais barreiras à agenda ANPR/MPF, a exemplo de senadores que apareceram nos relatórios de prestação de contas da associação. Em termos de uma sociologia política, esse tipo de atividade legislativa-parlamentar confere às lideranças da associação profundo conhecimento do sistema político brasileiro, gerando não só efeitos positivos para a ANPR, mas também influência no funcionamento do próprio MPF. E esse outro ponto é importante, por dois aspectos.

Primeiro, esse tipo de trajetória profissional pode se converter em capital político para os "procuradores políticos" dentro e fora da burocracia do Estado, maximizando suas chances de ocupar cargos, eminentemente políticos nas duas organizações, privada (ANPR) e pública (MPF), ao servir de mecanismo que separa os "diletantes" dos "procuradores políticos profissionais". Segundo, a imbricação de vínculos entre ANPR e MPF e a possibilidade de suas lideranças ditar o funcionamento concreto da organização pública descaracterizam o MPF como organização pública insulada ou alheia à política partidária. Pelo contrário, as diretorias da ANPR tornam o MPF órgão sintonizado com o funcionamento do sistema político mais amplo.

Em relação à atividade de comunicação política, ela se constitui como mecanismo fundamental na exploração das "brechas institucionais", pois busca legitimar as ações políticas das lideranças ANPR/MPF. Isso incluiu, portanto, a produção de conteúdo informativo sobre a atuação de membros do MPF em processos administrativos e judiciais, assim como toda a atividade legislativa-parlamentar. Envolve, por exemplo, a construção de uma narrativa acerca de suposta necessidade de mudanças no arcabouço jurisprudencial e legislativo, em temas complexos como a possibilidade de acordos em processos de corrupção, aumento de penas e criação de novos tipos penais, ou seja, ampliando os espaços de ação dos membros do MP, tendo como pressuposto assegurar, hipoteticamente, o interesse público.

Entretanto, a comunicação política da associação não se limita às formas de atuação de integrantes do MPF, pois se volta para temas mais amplos, como reformas constitucionais sobre previdência, saúde, meio ambiente, direito eleitoral, sistema bancário e impostos. Essa comunicação passa pelo filtro das lideranças da ANPR, que se valem da rede de comunicação profissional da organização privada, incluindo o uso de diversas mídias e redes sociais, além de contatos com jornalistas da imprensa escrita, falada e televisa.

Ademais, e não menos importante, lideranças da ANPR utilizam da poderosa estrutura de comunicação oficial do MPF e da legitimidade deste enquanto órgão de Estado, abrangendo instrumentos como sua página na rede mundial de computadores, revistas, diário oficial e redes sociais. Assim como no caso da atividade legislativa-parlamentar, a comunicação política da ANPR se beneficia da falta de regulamentação tanto do *lobby* como dos meios de comunicação, incluindo o uso de redes sociais por servidores públicos e, especialmente, pela alta burocracia com poder decisório.

Nesse sentido, pode-se dizer que as lideranças exploram a ausência de regras ou zonas de incertezas (Crozier, 1979), na luta pela institucionalização e a mudança institucional. É interessante destacar que, a despeito de sua importância como matéria legislativa, o material examinado não apresenta nenhuma preocupação por parte dos procuradores e da ANPR a regulamentação do *lobby* e da comunicação por servidores públicos nas redes sociais, e faz todo sentido que assim permaneça, já que os "procuradores políticos profissionais" exploram essas "brechas".

Na atividade judicial, ainda que as postulações junto ao STF sigam os ritos e se revistam de fundamentos jurídicos, a análise das atividades da associação por quase cinco décadas sugere que, quando não alcançados os resultados almejados pelas vias administrativa e legislativa-parlamentar, a associação aciona o Judiciário, o que certamente merece mais estudos. Ainda assim, a atividade pode ser compreendida como um *tensionamento* institucional, sempre que necessário na sua luta essencialmente política que visa ampliar os espaços de poder dos membros do MPF e, igualmente, uma luta pela manutenção e por mais privilégios, como são os remuneratórios, a exemplo dos pagamentos de indenizações, ditos ganhos corporativos.

Apenas para ilustrar como se opera esse *tensionamento*, o STF foi fundamental na agenda de combate à corrupção, ampliando o espaço de ação dos membros do MPF, o que se verificou no caso do julgamento da ação penal n. 470, conhecido como "Mensalão", e posteriormente na "Lava Jato", convalidando atos dos integrantes das forças-tarefas em aparente violação do texto constitucional. A respeito, o STF, com o poder de dizer o direito que lhe foi conferido, para usar uma expressão *bourdieusiana* (Almeida, 2010), reconheceu o poder de investigação do MP em um momento específico da história política do país, justamente de reação a governos progressistas, em sintonia com a agenda de poder das lideranças da ANPR/MPF, mas em sentido contrário das discussões da Assembleia Nacional Constituinte (Kerche & Viegas, 2020). Ou seja, uma derrota sofrida no campo político no processo de redemocratização, nos anos 1980, foi revertida em um contexto de ascensão da extrema-direita no país nos anos 2010.

Por fim, mas ainda em relação à exploração de "brechas institucionais", a coordenação associativa, como representada pela coalização associativa denominada FRENTAS, é um fenômeno que atinge o seu ápice no início dos anos 2010, período em que o protagonismo político dos membros do Judiciário e do MP brasileiro passava a ser amplamente reconhecido. Explorando as "brechas institucionais" pelas vias administrativa, legislativa-parlamentar, comunicação política e judicial, a FRENTAS, enquanto organização que integra associações da magistratura e do MP brasileiro, têm o poder de definir agenda para o sistema de justiça, com reflexos além dele.

Essa agenda, à primeira vista, limita-se aos interesses corporativos e, nesse sentido, maximiza ainda mais as chances de alcançar os resultados almejados pelas lideranças dessas organizações privadas. Mas, também, pode se voltar para a mudança institucional mais ampla e a defesa de privilégios. Explica-se. Um dos principais problemas de uma ação coordenada como a da FRENTAS é que, como se trata de uma iniciativa de lideranças da magistratura e do MP, tem potencial para configurar o mesmo entrelaçamento entre o privado e o público observado entre ANPR e MPF, agora no Judiciário, configurando-se um processo que afeta a separação entre as figuras do julgador e do fiscal/acusação, exercidas por magistrados e membros dos MPs, tal como visto na "Lava Jato" e reconhecido pelo STF na suspeição de Sergio Moro (Goes, 2021). Esta operação não pode ser completamente compreendida sem considerar a sua dimensão corporativa, tendo em vista todos os elementos discutidos até aqui apenas em relação à ANPR.

Os efeitos desta forma de coalizão, materializada na FRENTAS, podem ser perversos para a defesa de direitos, em especial na justiça criminal. Podem também ser verificados na defesa de interesses de privilégios, que essas classes (magistrados e procuradores), a despeito do processo legislativo, reconhecem-se. Dois casos recentes exemplificam os riscos dessa coalização: o pagamento de auxílio moradia para magistrados e membros do MP, que perdurou com liminar concedida por Luiz Fux, ministro do STF (Rover, 2014; Coelho, 2018); o engavetamento da mudança legislativa chamada de "juiz de garantias" pelo mesmo ministro do STF (Valente, 2020). Os dois casos sobrepõem magistratura e MP ao Legislativo, na luta pela definição da mudança institucional e defesa de privilégios.

3.6 Considerações finais

A ANPR tem por traços principais a estabilidade e a forma como as suas lideranças exploram "brechas institucionais" em confusão entre os espaços privado e público. Essa organização se volta para o controle do MPF, mas, também, a mudança institucional e da trajetória social, embora os "procuradores políticos" não abandonem a carreira do MPF, não se filiem a partidos políticos e não exerçam mandato eletivo.

Não resta dúvida de que a ANPR é um dos principais caminhos da política que cruzam o MPF, senão o principal. Esse caminho permite aos seus componentes explorar "brechas" institucionais para expandir o poder do MPF e da ANPR como organizações em uma espécie de simbiose.

A lógica privada da ANPR tem potencial para emprestar sentido ao funcionamento do ramo da burocracia pública que exerce o monopólio da ação penal federal. Essa lógica afeta não apenas a defesa de direitos em sentido amplo, mas em especial o exercício da punição, e isso tem implicações do ponto de vista do exercício do poder político.

O que parece conferir sentido de existência à organização privada e, por conseguinte, à ação política de suas lideranças, é exatamente a confusão entre o privado e o público, enquanto traço de patrimonialismo[123], e não a posição delas na estrutura de classe social.

Tanto a ANPR como o MPF se beneficiam dos processos de mudança institucional o que se observa das estratégias mobilizadas pelas lideranças da ANPR. Durante quase 50 anos, independentemente da passagem de um regime político para outro ou da mudança nos estatutos jurídicos, a ANPR maximizou os resultados da luta pela institucionalização e poder político, evitando o retrocesso. E aqui não se trata de uma luta apenas por mais poder burocrático e apenas por mais privilégios.

Poucas foram as mudanças institucionais que conferiram derrotas substanciais aos membros do MPF, e isso se deve muito ao sucesso da sua luta política organizada, que se faz visível na ANPR a partir do Estado. Essa luta não se mostra alheia ao funcionamento do sistema político, pelo contrário, desenvolve-se em sintonia fina com o Congresso Nacional e as representações políticas por toda a federação.

Considerando a constante busca por legitimidade, não se descarta que a luta política das lideranças da ANPR beneficia indivíduos e/ou grupos de interesse que compactuam com os projetos de poder dos "procuradores políticos profissionais" muito além do sistema de justiça. Portanto, sem se filiar a partidos políticos e exercer mandato, os "procuradores políticos" da ANPR demonstram capacidade de gerir o poder e de representar interesses estranhos ao contexto organizacional do Estado.

123 Outro elemento identificado na pesquisa exploratória reforça esse argumento. Todos os PGRs apresentam parentesco com elites políticas e jurídicas (Viegas, 2019), o que sinaliza para a incidência e a persistência de um elementos não propriamente republicanos nesse contexto.

Conclusões

Como síntese do esforço teórico desta tese, a sua principal contribuição para a área de estudo é o uso combinado de conceitos e de categorias de análise de teorias das organizações e de elites. A principal contribuição de ordem empírica se refere ao uso de banco de dados constituído: *i*) a partir da sociografia exploratório dos PGRs que serviram desde 1988; *ii*) da composição das posições políticas relevantes do MPF no período de 1993 a 2019 (desde o início da vigência da LOMPU), e; *iii*) de documentos de prestações de contas da ANPR desde a sua fundação em 1973 até 2019.

Explorou-se uma importante lacuna na literatura especializada no MP brasileiro pelo ângulo da Ciência Política e da Administração Pública, produzindo-se um inventário de "carne" e "sangue" que dão vida ao "esqueleto" (MPF). Ao fazê-lo, não se deixou de considerar os limites da pesquisa, como, por exemplo em relação: à quantificação dos "procuradores profissionais", em comparação com os "diletantes"; à ideologia dos procuradores, e; aos detalhamentos da ação organizada que os "procuradores políticos profissionais" desenvolvem em diferentes espaços de poder – o que certamente demandará mais pesquisas a respeito.

Conquanto, cobriu-se um período considerável da trajetória dessa burocracia na história política do Brasil, incluindo mudanças nos estatutos jurídicos afetos ao MPF e no seu *design* desde a ditadura militar até a redemocratização (CF/88), passando pelos mais recentes acontecimentos políticos ligados à crise da democracia brasileira. No caso destes acontecimentos, tendo em vista o protagonismo político dos procuradores na operação "Lava Jato" (De Sa e Silva, 2020; Engelmann, 2020; Setzler, 2020; Marona & Kerche, 2021), a trajetória dessa burocracia é indissociável da ascensão da extrema-direita ao poder, seja porque a "Lava Jato" foi fundamental no processo de impeachment de Dilma, seja porque afastou o candidato Lula da eleição de 2018, vencida por Bolsonaro.

Nesse sentido, historicizou-se a análise e a discussão não se ateve apenas aos atributos individuais, às posições ocupadas pelos indivíduos e suas decisões no âmbito da constituição de uma agenda de "combate à corrupção". Orientando-se pelas preocupações dos estudos de elites, esta tese possibilitou: mapear recursos (sociais, políticos e simbólicos) importantes no passado e a sua presença ainda hoje para acesso às posições de mando no MPF; identificar mudanças na organização pública (MPF) e na privada (ANPR) e os caminhos percorridos por suas lideranças, dentro e fora da burocracia pública, em momentos cruciais da história política brasileira: a redemocratização e os acontecimentos ligados à ascensão da extrema-direita ao poder. Assim, identificaram-se ao longo do tempo a formação, reprodução e transformação de mecanismos de estratificação por meio dos quais as relações de poder se organizaram no MPF e na ANPR, duas organizações que operam em uma espécie de "confusão".

Sem dúvida, um dos pontos mais positivos da pesquisa são: a importância da análise em nível micro, acerca dos mecanismos de recrutamento, de socialização e de reprodução social de uma elite organizacional – procuradores da República, pensando problemas de nível macro, como o funcionamento do Estado e da democracia brasileira.

Revelaram-se mecanismos estranhos à racionalidade burocrática, no sentido weberiano e republicano, que atuam por décadas nesse contexto de "confusão" e que, portanto, resistiram à mudança nos estatutos jurídicos. Esses mecanismos se mostram persistentes e encontram-se atrelados à "profissionalização política" dos procuradores e, por conseguinte, à ação política de "burocratas" sem se filiar a partidos e sem mandato eletivo dentro e fora do Estado.

Entre esses mecanismos, estão elementos como relações pessoais e de lealdade que definem quem ocupará posições politicamente relevantes e especializadas na estrutura pública e fora dela durante a carreira de procurador. Se não é novidade a presença desses elementos na administração pública brasileira (Schneider, 1994, 1995; Nunes, 1997; Schwartzman, 2007), ainda não se tinha discutido como se apresentam e atuam no ramo especializado da burocracia de Estado que exerce o monopólio da ação penal e controle da administração pública.

Desse modo, esta tese aponta para um paradoxo: elementos não republicanos se fazem presentes na burocracia responsável por exercer parcela de poder político do Estado (ação penal) e por zelar por princípios republicanos (controle da administração pública). Lembrando: essa mesma burocracia foi projetada durante a redemocratização para resistir e, ao mesmo tempo, fiscalizar esses mesmos elementos não republicanos (Arantes, 2002; Arantes et. al. 2010; Kerche, 2009), que insistem em se fazer presentes no Estado e na formulação e implementação de suas políticas públicas; por isso, justificam-se autonomia do MP e independência funcional dos seus integrantes, e ampla discricionariedade como espaço de ação.

A formação inicial da "Lava Jato" é o melhor exemplo a respeito desse fenômeno, com designações "personalíssimas" (com base em confiança e lealdade). Mas, diversas outras posições do MPF obedecem a essa mesma lógica "personalista" na composição por designações, como, a título de exemplo, as composições de GAECOS, PGR Eleitoral e CCRs, discutidas nos capítulos um e dois. É provável que esse mesmo fenômeno tenha se reproduzido nas designações de membros do MP brasileiro para assessorar no CNMP, no período em que os PGRs com trajetória na ANPR presidiram o CNMP, o que merece atenção e pesquisa.

Assim, identificou-se e discutiu-se como esse tipo de mecanismo, com traços de patrimonialismo e que incide na separação entre "procuradores políticos profissionais" e diletantes, tem potencial para se apresentar na governabilidade do MPF; logo, também no exercício do monopólio da ação penal, e; no controle da administração pública e das políticas públicas. Ressalta-se que esse é um cenário preocupante, dado que pode se voltar contra o interesse público e na perseguição de "inimigos políticos", inclusive internos (MPF) que desafiem a confiança e a lealdade das lideranças dos procuradores.

No que tange a esses mecanismos persistentes, chama atenção a "confusão" MPF/ANPR. Discutiu-se o quê dessa confusão tem a ver com a "profissionalização política" dos procuradores, mas, igualmente, com a instrumentalização dos mecanismos institucionais da burocracia pública pelas lideranças da associação privada, a face oculta do seu exercício de poder. A "profissionalização política" dos procuradores da República relaciona-se à ação de lideranças da associação, e estas são cada vez mais "profissionais" na luta voltada para a institucionalização e a mudança institucional.

O que, frisa-se novamente, não quer dizer que a ANPR seja um bloco homogêneo e não haja disputas internas, pelo contrário. Há fortes indicativos que alas mais progressistas do MPF atuam na ANPR. Todavia, a trajetória da associação junto ao MPF ao longo do tempo revela como se dá a sua estabilidade em torno da luta por mais privilégios e espaços de poder. Em ambos os tipos de ação política – voltada para a institucionalização e a mudança institucional – os "procuradores políticos" visam à ampliação do espaço de poder burocrático, passível de conversão em exercício de poder político. Essa luta para definição do conteúdo dos estatutos jurídicos (novas leis) ou um novo sentido que se possa dar a eles (jurisprudência) aparece sempre ligada à luta por assegurar vantagens e obter mais privilégios para a classe dos procuradores da República.

E, também, não quer dizer que a ANPR seja o único caminho da "profissionalização política". Porém, tudo leva a pensar que seja o principal. Verificou-se que, por mais de quatro décadas, a ação das lideranças dos procuradores da República da ANPR revela um comportamento adaptativo frente às diferentes conjunturas políticas e ideologias da coalização governistas, assim como uma certa "sensibilidade" para os movimentos da sociedade civil organizada. E esse é um ponto que merece muita atenção, a ser mais bem desenvolvido em estudos futuros.

Essa pesquisa reforça que uma combinação de fatores exógenos e endógenos favorecem a mudança institucional (Mahoney & Thelen, 2010). Mas, há um modelo institucional que favorece a autonomia e a discricionariedade em determinados contextos políticos e sociais como os de grave crise econômica e política, e que pode ser colocado – esse modelo – contra o sistema político e em favor da mudança da trajetória social.

A respeito, problematizaram-se e discutiram-se: *i*) fatores organizacionais do MPF (por exemplo, relacionados ao *design* da burocracia e ao "trânsito" dos procuradores pelos seus caminhos da política e o que isso tem a ver com a carreira deles); *ii*) a força de fatores societais que incidem no contexto do MPF (por exemplo, origem social, relações de parentesco, trajetória profissional, associativismo etc. dos integrantes dos procuradores da República).

Ademais, outra contribuição dessa tese para a área de estudo é que se deve considerar que: *i*) a disputa pelo poder no contexto do MPF é uma realidade (intra-elite organizacional), que não se desenvolve no vácuo político e social; *ii*) a coesão interna e a divisão do trabalho na organização MPF, notadamente os mecanismos que separam os "diletantes" dos "procuradores políticos profissionais", sujeitam-se à força de fatores que decorrem das disputas por poder (contexto da organização), e que não raro rompem o contexto organizacional (extra-elite organizacional, principalmente via ANPR), ou seja, fatores que atuam de fora para dentro.

Na realidade, essa burocracia de Estado é atravessada pela política em diferentes direções: de dentro para fora e de fora para dentro do MPF; do topo para base e da base para o topo do MPF. Esses caminhos da política, independentemente da direção, refletem uma tensão constante entre autoridade formal e poder social. A governabilidade do MPF depende de uma série de fatores organizacionais que não se encontram alheios ao ambiente externo.

Conforme assinalado e discutido, ocupar posições politicamente relevantes no MPF importa para os procuradores, em razão da movimentação na carreira (mérito) e do tipo de conhecimento especializado e de socialização política que proporcionam aos seus ocupantes. Essas mesmas posições, em razão das atribuições formais de controle do MPF sobre a administração pública, importam também para políticos profissionais (em sentido estrito) e agentes que por suas posições na estrutura econômica e social exercem parcela de poder político e econômico.

Não foi possível avançar especificamente sobre as relações que os "procuradores políticos profissionais" mantêm com agentes dos setores econômicos e produtivos. Entretanto, há diversas formas de socialização política com esses agentes externos e a ANPR aparece como fundamental nesse processo.

Reuniram-se elementos que permitem afirmar que os integrantes dessa burocracia não estão alheios aos efeitos que decorrem das coalizões político-partidárias e das questões econômicas adjacentes ao funcionamento do sistema político[124], porque: *i)*

124 Os efeitos que decorrem das coalizões político-partidárias e das questões econômicas adjacentes ao funcionamento do sistema político encontram-se discutidos na literatura sobre lobby e financiamento de campanha (Mancuso, 2004; Mancuso & Gozetto, 2018; Carazza, 2018; Santos, 2019).

a indicação do PGR depende necessariamente do Executivo e da aprovação pelo Senado Federal (coalizão governista), e a ANPR sempre se mostrou atuante nesse processo de escolha, inclusive tendo a sua lista acolhida entre 2003 e 2017; *ii*) os procuradores da República interagem constantemente com políticos profissionais e agentes do agronegócio, da indústria, do comércio e do mercado financeiro, devido às atribuições que exercem pelas posições ocupadas no MPF, e que muitas delas (ocupação de posições de confiança, como grupos de estudos e GAECOS) obedecem à lógica das designações com traços antidemocráticos e não republicanos, lembrando que a ANPR luta para controlar as posições no MPF que definem essas designações.

Faz diferença para os agentes políticos e econômicos (fora do contexto do MPF) que seja designado um procurador da República específico (e não outro) para posições politicamente relevantes do MPF, que não apenas domine as ferramentas jurídicas, mas, sobretudo, um perfil conhecido, em outras palavras, "testado" política e socialmente. Por exemplo, para integrar uma operação policial contra um governador, deputados federais e senadores, diretores de estatais e empresas público-privadas, ou mesmo oficiar junto ao TSE.

Não se presume, aqui, que essa seja a rotina do MPF (disfunção), apenas se ressalta a potencialidade que esse modelo institucional tem para que se constituam designações que favoreçam aliados internos e externos ao MPF. Ou seja, esse é um modelo institucional que permite que "procuradores políticos", orientando-se por suas estratégias políticas de carreira e lideranças corporativas, persigam objetivos não oficiais (não previstos nos estatutos jurídicos), em favor da defesa de interesses corporativos e inclusive contra o sistema político e agentes específicos.

Quando se diz que o MPF não está alheio, não se quer afastar a ideia de autonomia formal propalada pela literatura, que subsiste. O problema está em pensar que o objetivo da elite dos procuradores, especialmente das suas lideranças com atuação destacada na ANPR desde antes da redemocratização, foi ou é transpor fronteiras do sistema de justiça e invadir o mundo da política, como está em Arantes (2002). Essas fronteiras não condizem com a realidade dos caminhos da política que cruzam o MPF há décadas.

Os caminhos da política que cruzam o MPF, relacionados ao próprio *design* do MPF que projeta os procuradores para atuar em toda cadeia alimentar de poder, revelam uma tensão constante entre autoridade formal e poder da ANPR nesse contexto. Essa tensão não teve início no processo de redemocratização porque essa sempre foi a burocracia responsável pelo monopólio da ação penal. O monopólio acompanha a trajetória histórica do MPF, e essa é, inegavelmente, parcela significativa de poder político.

A referida tensão não teve início com a promulgação da CF/88, na realidade, desde antes da sua vigência teve potencial para institucionalizar relações de poder e interesses privados "estranhos" à burocracia do Estado. De fato, todos esses aspectos estão mais perceptíveis ao grande público, inclusive aos analistas, devido ao agigantamento do MP da CF/88 e das mudanças incrementais no seu espaço de ação desde a redemocratização, notadamente a partir dos anos 2000, e em especial quanto aos eventos ligados à crise da democracia brasileiro a partir dos anos 2010.

Em suma, essa tensão orienta os procuradores e pode se materializar em investigações, arquivamentos e processos judiciais. Ademais, relaciona-se também às mudanças incrementais no espaço de ação dos membros do MP, ou seja, ao processo de institucionalização, resultado da luta de lideranças do MP junto ao Congresso Nacional e tentativas de legitimação perante outras instituições e a opinião pública. Essa luta e tentativas de legitimação possibilitam-lhes novas práticas e aprendizados institucionais e precisam ser compreendidas como inerentes à governabilidade do MPF e ao processo de "profissionalização política" dos procuradores.

Não se está aqui abandonando a ideia de autonomia formal do MPF e nem as prerrogativas dos seus integrantes, como a independência funcional, que permitem aos procuradores da República resistir ao controle externo, mais do que outras burocracias. Pelo contrário, a luta das lideranças dos procuradores da República desde a redemocratização para institucionalizar a autonomia do MPF e a independência funcional dos seus membros foi bem-sucedida, conforme propala a literatura. Por essas razões (autonomia e independência funcional), não se descarta inclusive que as suas lideranças possam levar a efeito agendas próprias (Couto & Oliveira, 2019).

Entrementes, os mecanismos informais que conferem funcionamento concreto ao MPF (fatores de "carne" e "sangue") possivelmente sobrepõem à autonomia da organização burocrática e à independência funcional dos seus membros. Na verdade, os achados analisados e discutidos nesta tese colocam em xeque perspectivas de análise que assumem o insulamento do MPF e/ou que as agendas das suas lideranças sejam autônomas em relação às forças políticas e econômicas de fora do seu contexto.

Reforça-se o comportamento adaptativo das lideranças MPF/ANPR às diferentes conjunturas políticas e coalizações governistas. Nesse sentido, é preciso estar atento para como lideranças dos procuradores reagem às forças externas e como as agendas dessas mesmas lideranças são levadas a efeito dentro e fora do MPF dadas as condições ideias de "temperatura" e "pressão" – contexto interno ao MPF e contexto político e econômico externo ao MPF – o que certamente merecerá atenção em estudos futuros, mas que ficam mais evidentes, por exemplo, quando buscam legitimar a lista tríplice.

As lideranças dos "procuradores políticos profissionais" da ANPR, organizada por toda a federação, interagem constantemente com lideranças político-partidárias no Congresso Nacional e em nível subnacional. Do mesmo modo, interagem com lideranças do Judiciário e a elite do funcionalismo do Estado, como Receita Federal, AGU, Polícias, Forças Armadas, mormente lideranças associativas dessas carreiras. Não obstante, socializam politicamente com diferentes setores da sociedade civil organizada, como representantes de federações da indústria e do comércio e com setores da imprensa escrita, falada e televisiva.

Assim, há fortes indícios de que o tipo de interação dos "procuradores políticos profissionais" se referem a diversos temas: *i*) essas lideranças "políticas profissionais" buscam controlar a administração do MPF e mantêm uma luta constante por mais espaços de ação e por privilégios para a classe, mas não é só isso; *ii*) eventualmente, representam interesses que não os típicos dos procuradores da República nas suas ações dentro e fora do MPF, conforme observado na ação das diretorias da ANPR por mais de quatro décadas perante o Congresso Nacional.

Portanto, em relação às questões hierárquicas, uma combinação de fatores públicos e privados traz coesão no contexto organizacional do ramo jurídico da burocracia de Estado – e essa é uma contribuição relevante dessa tese para compreender o funcionamento do MPF. Nesse ponto, a coesão interna decorre, em tese, da lógica que confere governabilidade ao MPF, e ela encontra-se atrelada em torno da defesa dos interesses corporativos e de privilégios. Não se pode descartar que essa coesão possa estar sujeita às forças políticas e sociais do contexto externo, principalmente devido à presença marcante da ANPR.

As questões afetas a noção de coesão dos grupos em disputa por poder e estratificação no contexto do MPF atuam na separação dos "diletantes" dos "procuradores políticos profissionais". Nesse ponto, incidem fatores organizacionais atrelados à governabilidade do MPF (disputa por poder no contexto da organização). Mas, eventualmente, também incidem fatores externos, por exemplo, em relação à luta por ocupar posições no Estado que demandam afastamento da carreira e via ação das lideranças dos "procuradores políticos", que atuam na associação privada (disputa por poder fora da organização, que incide no contexto do MPF).

Em suma, conhecer os principais caminhos da política que cruzam o MPF permitiu analisar e discutir questões teóricas centrais colocadas pela literatura e, também, aspectos do seu funcionamento concreto. Não obstante, pela perspectiva de análise assumida, outras janelas se abrem para novos estudos que se dediquem ao lugar não apenas do MPF na organização do Estado, mas, especialmente, a ação organizada de lideranças dos procuradores cada vez mais "profissionais" naquilo fazem: política.

Por fim, chama-se atenção para alguns pontos. O primeiro deles é a necessidade de se regulamentar por lei uma quarentena para os procuradores da República. O MPF projeta os seus integrantes para atuar em toda a cadeia alimentar de poder e é importante criar limites para que os seus integrantes não busquem instrumentalizar os mecanismos institucionais dessa burocracia para: *i*) fazer política e depois deixar a carreira para disputar eleições; *ii*) fazer política e deixar a carreira para prestar consultorias e advogar em temas diretamente ligados à atuação no MPF.

Além disso, pesquisas recentes mostram como o MPF se organizou em torno do combate à corrupção. Esse assunto foi tratado nessa tese como poder de agenda das lideranças dos "procuradores políticos". Porém, faltam estudos que analisem como o MPF, comparativamente em relação aos MPs dos Estados, está organizado para realizar controle da administração pública e de políticas públicas nos três níveis da federação.

O MPF é ramo do MP da União, portanto, é importante estrutura do Estado brasileiro, e é preciso entender melhor como "procuradores políticos" agem *através* dessa estrutura na coordenação e articulação do controle sobre certos temas em detrimento de outros, especialmente em matéria de direitos humanos e políticas públicas substanciais.

Além disso, embora não seja objeto desta tese, pode ser interessante em pesquisas futuras mapear a mudança incremental no espaço de ação dos membros do MP (legislação) e buscar saber qual o papel das lideranças da ANPR e de outras associações do MP nesse aspecto, tendo em vista a sua atuação intensa no Congresso Nacional. Um estudo recentemente publicado chama atenção para esse ponto (Viegas *et. al.*, 2022), revelando como o espaço de ação referente às ferramentas de direito penal recebem atenção do Legislativo.

Nos EUA, em que a maior parte dos membros do congênere ao MP brasileiro são eleitos pelo voto direto, há procuradores (eleitos) respondendo a incentivos eleitorais perversos como os integrantes do Legislativo, que resultam em uma escalada punitivista (Wright, Levine & Gold, 2021). No caso dos "procuradores políticos" do MPF, não eleitos pelo voto direto, devido às imbricações dos caminhos da política que cruzam o MPF com o Congresso Nacional parece de bom tom também considerar a mesma hipótese. Em uma federação historicamente marcada pelas desigualdades, como a brasileira, há que se considerar a constatação de que o sistema de justiça criminal cumpre um papel fundamental na reprodução das mazelas dessa sociedade (Andrade, 2012; Santos, 2018), tanto no controle social dos indesejáveis como para manutenção dos privilégios de uma minoria.

Os "procuradores políticos" do MPF atuam por toda a federação e bastante próximos dos meios de comunicação tradicionais e nas redes sociais, assim como os políticos profissionais em sentido estrito, conforme visto no terceiro capítulo desta tese. Esses "procuradores políticos" podem buscar, a todo instante, legitimar uma certa visão da política e uma política criminal populista, por exemplo, cada vez mais repressiva, como nos últimos anos na esteira da ascensão da extrema direita no país, sob argumento de defesa da democracia e da sociedade. Por tudo isso, parece urgente a regulamentação do uso das redes sociais por uma burocracia com a autonomia do MP e suas atribuições na seara criminal, a fim de evitar a instrumentalização de mecanismos institucionais para se fazer política e também criar limites para a violência política nas redes por parte de agentes do Estado que exercem parcela significativa de poder.

REFERÊNCIAS

ABRANCHES, Sérgio Henrique. O presidencialismo de coalizão: o dilema institucional brasileiro. **Dados**, 31(1), pp. 5-33, 1988.

ABRUCIO, Fernando Luiz. **Os barões da federação**: os governadores e a redemocratização brasileira. São Paulo: Hucitec, 1998.

ABRUCIO, Fernando Luiz; LOUREIRO, Maria Rita. Burocracia e ordem democrática: desafios contemporâneos e experiência brasileira. *In*: PIRES, Roberto; LOTTA, Gabriela; OLIVEIRA, Vanessa Elias (org.). **Burocracias e políticas públicas no Brasil**: interseções analíticas. Brasília: Ipea: Enap, p. 23-56, 2018.

ABRUCIO, Fernando Luiz; VIEGAS, Rafael Rodrigues; RODRIGUES, Rayane Vieira. A agenda esquecida do federalismo brasileiro: assimetria, heterogeneidade e diversidade dos Ministérios Públicos. *Scielo Preprints*, 2021. Disponível em: https://doi.org/10.1590/SciELOPreprints.2669. Acesso em: 15 jan. 2022.

AHRNE, Göran; BRUNSSON, Nils. Organization Outside Organizations: The Significance of Partial Organization. **Organization**, 18, n. 1, p. 83–104, 2011.

ALMEIDA, Frederico Normanha Ribeiro de. **A nobreza togada**: as elites jurídicas e a política da justiça no Brasil. f. 329. Tese (Doutorado em Ciência Política) Faculdade de Filosofia, Letras e Ciências Humanas da Universidade de São Paulo, São Paulo, 2010.

______. As elites da justiça: instituições, profissões e poder na política da justiça brasileira. Revista de Sociologia e Política, 22(52), 77-95, 2014.

______. Os juristas e a crise: A Operação Lava Jato e a conjuntura política brasileira (2014-2016). **Plural**, 26(2), p. 96-128, 2019.

ALONSO, A. **Flores, votos e balas**: o movimento abolicionista brasileiro (1868-88). 1ª ed. São Paulo: Cia. das Letras, 2015.

ANDRADE, Vera Regina Pereira de. Pelas Mãos da Criminologia. O Controle Penal Para Além da Desilusão. **Coleção Pensamento Criminológico**. N. 19. Rio de Janeiro: Editora Revan, 2012.

ARANTES, Rogério. Direito e política: o Ministério Público e a defesa dos direitos coletivos. **Rev. Bras. Ci. Soc.**, São Paulo, v. 14, n. 39, p. 83-102, 1999.

______. **Ministério Público e política no Brasil**. São Paulo: Educ-Sumaré, 2002.

______. Ministério Público na fronteira entre a Justiça e a Política. **Justitia**, São Paulo, v. 197, p. 325-335, 2007.

______. Polícia Federal e Construção Institucional. *In*: AVRITZER, Leonardo; FILGUEIRAS, Fernando (Org.). **Corrupção e Sistema Político no Brasil**. 1ª ed. Rio de Janeiro: Civilização Brasileira, 2011, p. 99-132.

______. Maluf x Genoíno: (des)caminhos da Justiça no combate à corrupção no Brasil. *In*: ENCONTRO DA ABCP, 9, 2014, Brasília. **IX Encontro da ABCP**, 2014.

______. Ministério Público, política e políticas públicas. In: OLIVEIRA, Vanessa Elias de. (org.) **Judicialização de políticas públicas no Brasil**. Rio de Janeiro: Ed. Fiocruz, 95-122, 2019.

ARANTES, Rogério; LOUREIRO, Maria Rita, COUTO, Claudio Gonçalves; TEIXEIRA, Marco Antonio Carvalho. Controles democráticos sobre a administração pública no Brasil: Legislativo, Tribunais de Contas, Judiciário e Ministério Público. In: LOUREIRO, Maria Rita; ABRUCIO, Fernando Luiz; PACHECO, Regina. (Org.). **Burocracia e política no Brasil**: desafios para a ordem democrática no século XXI. Rio de Janeiro: FGV, p. 109-147, 2010.

ARANTES, Rogério; MOREIRA, Thiago. Democracia, instituições de controle e justiça sob a ótica do pluralismo estatal. **Opinião Publica**, 25(1), p. 97-135, 2019.

ARON, Raymond. **As etapas do pensamento sociológico**. Trad. de Sergio Bath. São Paulo: Martins Fontes, 2000.

AVRITZER, Leonardo. **Pêndulo da democracia**. São Paulo: Todavia, 2019.

AVRITZER, Leonardo; MARONA, Marjorie. A tensão entre soberania e instituições de controle na democracia brasileira. **Dados**, 60(2), p. 359-393, 2017.

BACHRACH, Peter; BARATZ, Morton. Two faces of power. **The American Political Science Review**, 56(4), 947-952, 1962.

______. Decisions and nondecisions: an analytical framework. **The American Political Science Review**, 57(3), 632-642, 1963.

BARLEY, Stephen Corporations, democracy, and the public good. **Journal of Management Inquiry**, 16(3), p. 201–215, 2007.

BLAU, Peter; SCOTT, Richard. **Organizações Formais**. Trad.: Maria Ângela e Lobo F. Levy. São Paulo: Editora Atlas, 1979.

BOLOGNESI, Bruno; CODATO, Adriano. Sociologia política dos partidos políticos do Brasil: um estudo da competição eleitoral sob o regime da Constituição de 1988. In: HOLLANDA, Cristina Buarque; VEIGA, Luciana Fernandes; AMARAL, Oswaldo E. (orgs.). **A constituição de 88 – 30 anos depois**. Curitiba: Ed. UFPR, p. 257-388, 2018.

BONELLI, Maria da Glória. **Profissionalismo e política no mundo do direito**: as relações dos advogados, desembargadores, procuradores de justiça e delegados de polícia com o Estado. São Carlos: EdUFSCar/Sumaré, 2002.

BOURDIEU, Pierre. A força do direito: elementos para uma sociologia do campo jurídico. In: BOURDIEU, Pierre. **O poder simbólico**. Trad. de Fernando Tomaz. Rio de Janeiro: Bertrand Brasil, pp. 209-255, 1989.

BRASIL. **Constituição Federal de 1988** (CF/88). Disponível em: http://www.planalto.gov.br/ccivil_03/constituicao/constituicaocompilado.htm

______. **Lei Complementar nº 75 de 1993** (LC nº 75/93). Dispõe sobre a organização, as atribuições e o estatuto do Ministério Público da União. Disponível em: http://www.planalto.gov.br/ccivil_03/leis/lcp/lcp75.htm

______. **Lei no 13.964 de 2019**. Aperfeiçoa a legislação penal e processual penal (Pacote Anticrime). Disponível em: http://www.planalto.gov.br/ccivil_03/_ato2019-2022/2019/lei/L13964.htm

BRATSIS, Peter. Political corruption in the age of transnacional capitalism. **Historical Materialism**, 22, pp. 105-128, 2014.

CAMPANTE, Rubens Goyatá. O patrimonialismo em Faoro e Weber e a sociologia brasileira. **Dados**, Rio de Janeiro, v. 46, n. 1, p. 153-193, 2003.

CARAZZA, Bruno. **Dinheiro, eleições e poder**: as engrenagens do sistema político brasileiro. São Paulo: Companhia das Letras, 2018.

CARVALHO, Alexandre Douglas Zaidan de. Juscorporativismo: os juízes e o Judiciário na Assembleia Nacional Constituinte. **Revista Brasileira de Estudos Políticos**, n. 114, p. 31-77, 2017.

CARVALHO, Ernani; LEITÃO, Natália. O novo desenho institucional do Ministério Público e o processo de judicialização da política. **Revista Direito GV** [online], v. 6, n. 2, pp. 399-422, 2010.

CASAGRANDE, Cássio. **Ministério Público e Judicialização da Política** – cinco estudos de caso. Porto Alegre: Sérgio Antônio Fabris Editor, 2008.

CASTELLS, Manuel. **A Era da Informação**. Economia, Sociedade e Cultura. Vol. 1. São Paulo: Paz e Terra, 1999.

CODATO, Adriano; PERISSINOTTO, Renato Monseff. **Marxismo como ciência social**. Curitiba: Ed. UFPR, 2011.

CODATO, Adriano; CAVALIERI, Marco Antonio Ribas; PERISSINOTTO, Renato Monseff; DANTAS, Eric Gil. Economic mainstream and power: a profile analysis of Central Bank directors during PSDB and PT governments in Brazil. **Nova economia**, v. 26, n. 3, p. 687-720, 2016.

COELHO, Gabriela. Com aprovação do aumento, Fux deve revogar liminares do auxílio-moradia. **Conjur**, 2018. Disponível em: https://www.conjur.com.br/2018-nov-20/aumento-fux-revogar-liminares-auxilio-moradia

COELHO, Caio César; BARROS, Amon. Padrinhos e caciques: o lado sombrio da atividade política corporativa na captura do Estado. **Revista Eletrônica de Ciência Administrativa**, v. 20 n.1 p. 15-42, 2021.

COLEMAN, Stephen; BLUMLER, Jay. **The Internet and Democratic Citizenship**: Theory, Practice and Policy. Cambridge University Press, 2009.

COSTA, Arthur Trindade Maranhão; OLIVEIRA, Almir de. Novos padrões de investigação policial no Brasil. **Sociedade e Estado**, v. 31, n. 1, pp. 147-164, 2016.

COUTINHO, Maria Laura de Souza. As associações de magistrados e o Judiciário brasileiro. 179 f. Tese (Doutorado CDAPG) – Fundação Getulio Vargas, Escola de Administração de Empresas de São Paulo, 2020.

COUTO, Cláudio Gonçalves. Oligarquia e processos de oligarquização: o aporte de Michels à análise política contemporânea. **Rev. Sociol. Polit**, v. 20, n. 44, 2012.

COUTO, Cláudio Gonçalves; OLIVEIRA, Vanessa Elias de. Politização da Justiça: atores judiciais têm agendas próprias? Cadernos ADENAUER XX, n. 1, pp. 139-162

CROZIER, Michel. **El fenómeno burocrático**. Vol. 2. Buenos Aires: Amorrortu, 1974.

CZUDNOWSKI, Moshe. Political Recruitment. Micropolitical Theory. *In*: GREENSTEIN, Fred; POLSBY, Nelson (org.). **Handbook of Political Science**. Vol. 2. Massachusetts: Addison-Wesley Publishing Company, p. 155-242, 1975.

DAHL, Robert. A Critique of the Ruling Elite Model. **The American Political Science Review**, 52(2), 463–469, 1958.

_______. **Who Governs?** Democracy and Power in an American City. New Haven, Conn.: Yale University Press, 1961.

DA ROS, Luciano. Accountability legal e corrupção. **Revista da CGU**, v. 11, n. 20, 2019.

DE SA E SILVA, Fabio. From Car Wash to Bolsonaro: Law and Lawyers in Brazil's Illiberal Turn (2014–2018). **J. Law Soc.**, 47: S90-S110, 2020.

DEXTER, Lewis A. **Elite and Specialized Interviewing**. Evanston, IL: Northwestern University Press, 1970.

DIEFENBACH, Thomas. Why Michels' 'iron law of oligarchy' is not an iron law – and how democratic organisations can stay 'oligarchy-free.' **Organization Studies**, 40(4), 545-562, 2019.

DIMAGGIO, Paul; POWELL, Walter. The iron cage revisited: institutional isomorphism and collective rationality in organizational fields. **American Sociological Review**, 48, 2, p. 147-160, 1983.

DOWNS, Anthony. **Inside bureaucracy**. Boston: Little, Brown and Company, 1994.

DÜR, Andreas. Interest groups in the European Union: How powerful are they? **West European Politics**, 31(6), 1212–1230, 2008.

DUVERGER, Maurice. **Os partidos políticos**. Rio de Janeiro, Zahar, 1970.

ENGELMANN, Fabiano. **Sociologia do campo jurídico**: juristas e usos do direito. Porto Alegre: Sergio Antonio Fabris Editor, 2006.

______. Associativismo e engajamento político dos juristas após a Constituição de 1988. **Revista Política Hoje**, v. 18, n. 2, p. 184-205, 2009.

______. The 'Fight against Corruption' in Brazil from the 2000s: A Political Crusade through Judicial Activism. **J. Law Soc.**, p. 1-16, 2020.

ENGELMANN, Fabiano; PILAU, Lucas. (org.) **Justiça e Poder Político**: elites jurídicas, internacionalização e luta anticorrupção. UFRGS Editora, 2021.

FAORO, Raymundo. **Os donos do poder**: formação do patronato brasileiro. 4ª ed. São Paulo: Biblioteca Azul. 2012.

FERES JUNIOR, João; SASSARA, Luana de Oliveira. Corrupção, escândalos e a cobertura midiática da política. **Novos estud. CEBRAP** [online]. v. 35, n. 2, p. 205-225, 2016.

FIGUEIREDO, Argelina Maria Cheibub; LIMONGI, Fernando de Magalhães Papaterra. **Executivo e Legislativo na Nova Ordem Constitucional**. Rio de Janeiro: Ed. FGV, 2001.

FONTAINHA, Fernando de Castro; SANTOS, Carlos Victor Nascimento; OLIVEIRA, Amanda Martins Soares de. A elite jurídica e sua política: a trajetória jurídico-profissional dos ministros do STF (1988-2013). *In*: ENGELMANN, Fabiano. (Org.). **Sociologia Política das Instituições Judiciais**. Porto Alegre: Editora da UFRGS/CEGOV, p. 98-123, 2017.

FRAGALE, Roberto Filho. Conselho Nacional de Justiça: desenho institucional, construção de agenda e processo decisório. **Dados**, v. 56, n. 4, p. 975-1007, 2013.

GARCIA, Emerson. **Ministério público**: organização, atribuições e regime político. 6ª ed. São Paulo: Saraiva, 2017.

GOES, Severino. Moro é suspeito para julgar Lula, decide Supremo Tribunal Federal por 7 votos a 4. **Conjur**. 2021. Disponível em: https://www.conjur.com.br/2021-jun-23/moro-suspeito-julgar-lula-decide-stf-votos

GOMES, Wilson. Participação Política Online: Questões e Hipóteses de Trabalho. In: MAIA, Rousiley Celi Moreira; GOMES, Wilson; MARQUES, Francisco Paulo Jamil Almeida (orgs.). **Internet e Participação Política no Brasil**. Porto Alegre: Sulina, p. 19–46, 2011.

GOMES, Túlio Gonçalves; MEDEIROS, Cintia Rodrigues de Oliveira. Construindo e desconstruindo escândalos de corrupção: a operação Lava-Jato nas interpretações da Veja e Carta Capital. **Organizações & Sociedade**, v. 26, n. 90, p. 457-485, 2019. [online]

GRINOVER, Ada Pellegrini. Significado social, político e jurídico da tutela dos interesses difusos. **Revista de Processo**, n. 97, 2000.

GRUBER, Judith E. **Controlling bureaucracies**: dilemmas in democratic governance. Los Angeles, CA: University of California Press, 1986.

GUNNELL, John G. "The Genealogy of American Pluralism: From Madison to Behavioralism". **International Political Science Review**, v. 17, n. 3, 253-265, 1996.

HALL, Peter; TAYLOR, Rosemary. Political science and the three new institutionalisms. **Political Studies**, v. 44, n. 5, p. 936-957, 1996.

HARVEY, William. Strategies for conducting elite interviews. **Qualitative Research**, 11(4) 431–441, 2011.

HELLMAN, Joel; JONES, Geraint; KAUFMANN, Daniel. Seize the state, seize the day: an empirical analysis of state capture and corruption in transition economies. **World Bank Policy Research Working Paper**, 2444, p. 1-41, 2000.

HEADEY, Bruce; MULLER, Denis. Policy Agendas of the Poor, the Public and Elites: A Test of Bachrach and Baratz. **Australian Journal of Political Science**, 31(3), 347-368, 1996.

HILLMAN, Amy; KEIM, Gerald; SCHULER, Douglas. Corporate political activity: a review and research agenda. **Journal of Management**, 30, p. 837-857, 2004.

HOLANDA, Sergio Buarque. **Raízes do Brasil**. 26ª ed. São Paulo: Cia. das Letras, 1995.

INNES, Abby. Corporate state capture in open societies. **East European Politics and Societies**, 30(3), 594-620, p. 2016.

KERCHE, Fabio. Autonomia e discricionariedade do Ministério Público no Brasil. **Dados**, v. 50, n. 2, p. 259-279, 2007.

_______. **Virtude e limites**: autonomia e atribuições do Ministério Público no Brasil. São Paulo: Edusp, 2009.

______. Independência, Poder Judiciário e Ministério Público. **Cad. CRH**, v. 31, n. 84, p. 567-580, 2018a.

______. Ministério Público, Lava Jato e Mãos Limpas: uma abordagem institucional. **Lua Nova**, n. 105, p. 255-286, 2018b.

KERCHE, Fábio; MARONA, Marjorie. O Ministério Público na Operação lava Jato: como eles chegaram até aqui? *In*: KERCHE, Fábio; FERES JR, João Feres (org.). **Operação Lava Jato e a democracia brasileira**. São Paulo: Contracorrente, p. 69-100, 2018.

KERCHE, Fabio; OLIVEIRA, Vanessa Elias de; COUTO, Claudio Gonçalves. Os Conselhos Nacionais de Justiça e do Ministério Público no Brasil: instrumentos de accountability? **Revista de Administração Pública** [online]. v. 54, n. 5, p. 1334-1360, 2020.

KERCHE, Fabio; VIEGAS, Rafael Rodrigues. Ministério Público brasileiro: de defensor de direitos a combatente da corrupção. In: **Anais do 12º Encontro da ABCP**. João Pessoa, 2020.

KUHN, Thomas. **A estrutura das revoluções científicas**. Trad. de Beatriz Vianna Boeira e Nelson Boeira. 5ª ed. São Paulo: Editora Perspectiva, 1998.

LANGER, Máximo; SKLANSKY, David Alan. (eds.). **Prosecutors and Democracy**: A Cross-National Study (ASCL Studies in Comparative Law). Cambridge: Cambridge University Press, 2017.

LEACH, Darcy. The Iron Law of What Again? Conceptualizing Oligarchy across Organizational Forms. **Sociological Theory**, v. 23, n. 3, p. 312-337, 2005.

LEMGRUBER, Julita; RIBEIRO, Ludmila; MUSUMECI, Leonarda; DUARTE, Thais. **Ministério Público**: Guardião da democracia brasileira? Rio de Janeiro: CESeC, 2016.

LONDERO, Daiane. **O desenvolvimento de capacidades institucionais do Ministério Público Federal no combate à corrupção** (1988-2018). Tese de doutorado em Políticas Públicas. UFRGS. 2021.

LOSEKANN, Cristiana. Mobilização do direito como repertório de ação coletiva e crítica institucional no campo ambiental brasileiro. **Dados**, v. 56, n. 2, 311-349, 2013.

LOSS, Hugo. O campo de estudos sobre associações de classe de São Paulo de 1910 a 1945. **Revista de Sociologia e Política** [online], v. 18, n. 37 p. 227-246, 2010.

LOTTA, Gabriela; SANTIAGO, Ariadne. Autonomia e discricionariedade: matizando conceitos-chave para o estudo da burocracia. **BIB**, n. 83, v. 1, p. 21-42, 2017.

LOUREIRO, Maria Rita. **Os economistas no governo**: gestão econômica e democracia. Rio de Janeiro: Editora FGV, 1997.

LOUREIRO, Maria Rita; ABRUCIO, Fernando Luiz. **Burocracia e política na nova ordem democrática brasileira**: o provimento de cargos no alto escalão do governo federal (governos Sarney, Collor, Itamar Franco e FHC). São Paulo: Editora FGV, 1998.

LOUREIRO, Maria Rita; ABRUCIO, Fernando Luiz; PACHECO, Regina. (Org.). **Burocracia e política no Brasil**: desafios para a ordem democrática no século XXI. Rio de Janeiro: FGV, 2010.

MACIEL, Débora Alves. **Ministério Público e sociedade**: a gestão dos conflitos ambientais em São Paulo. Tese de Doutorado em Sociologia. FFLCH, USP. 2002.

MACLEAN, Mairi; HARVEY, Charles; CHIA, Robert. Dominant corporate agents and the power elite in France and Britain. **Organization Studies**, 31(03), p. 327–348, 2010.

MAGGIO, Marcelo Paulo. **Tutela da saúde pública**: novas perspectivas e a construtiva atuação do Ministério Público. Tese de Doutorado. Universidade de São Paulo. 2018.

MALINOWSKI, Bronislaw. Os argonautas do Pacífico Ocidental. **Os pensadores**. São Paulo: Abril Cultural, 1984.

MAHONEY, James; THELEN, Kathleen. **Explaining Institutional Change**:

Ambiguity, Agency and Power. Cambridge: Cambridge University Press, 2010.

MAINWARING, Scott; WELNA, Christoper. **Democratic accountability in Latin America**. Oxford, UK: Oxford University Press, 2003.

MANCUSO, Wagner Pralon. O lobby da indústria no Congresso Nacional: empresariado e política no Brasil contemporâneo. **Dados**, v. 47, n. 3, p. 505-547, 2004.

MANCUSO, Wagner Pralon; GOZETTO, Andréa Cristina Oliveira. **Lobby e políticas públicas**. Rio de Janeiro: Editora FGV, 2018.

MARENCO, André; DA ROS, Luciano. Caminhos que levam a corte: carreiras e padrões de recrutamento dos ministros dos órgãos de cúpula do Poder Judiciário brasileiro (1829-2006). **Rev. Sociol. Polít.**, v. 16, n. 30, p. 131-149, 2008.

MARONA, Marjorie; KERCHE, Fabio. From the Banestado Case to Operation Car Wash: Building an Anti-Corruption Institutional Framework in Brazil. **Dados**, v. 64, n. 3, e20190240, 2021.

MARTINS, Rafael Moro et al. "Tem alguma coisa mesmo séria contra FHC?" **The Intercept Brasil**, Brasília, junho de 2019. Disponível em: https://theintercept.com/2019/06/18/lava-jato-fingiu-investigar-fhc-apenas-para--criar-percepcao-publica-de-imparcialidade-mas-moro-repreendeu-melindra--alguem-cujo-apoio-e-importante/

MAZZILLI, Hugo Nigro. **A defesa dos interesses difusos em juízo**. São Paulo: Saraiva, 2003.

MCALLISTER, Lesley. **Making Law Matter**: Environmental Protection & Legal Institutions in Brazil. Stanford: Stanford University Press, 2008.

MENEGUELLO, Raquel. **Partidos e governo no Brasil contemporâneo**, 1985-1997. São Paulo: Paz e Terra, 1998.

MERTON, Robert. **Social theory and social structure**. New York: Free Press, 1968.

MESSENBERG, Débora. A direita que saiu do armário: a cosmovisão dos formadores de opinião dos manifestantes de direita brasileiros. **Sociedade e Estado**, 32(3), 621-648, 2017.

MICHELS, Robert. **Sociologia dos partidos políticos**. Tradu: Arthur Chaudon. Brasília: Ed. Unb., 1982.

MIGUEL, Luis Felipe. Representação política em 3-D: elementos para uma teoria ampliada da representação política. **Revista Brasileira de Ciências Sociais**, 18(51), 123-140, 2003.

MIGUEL, Luis Felipe; BIROLI, Flávia. **Mídia, representação e democracia**. São Paulo: Hucitec, 2010.

MILLER, Banks; CURRY, Brett. **U.S. Attorneys, political control, and career ambition**. New York: Oxford University Press, 2019.

MINTZBERG, Henry. **Power in and around organizations**. Englewood Cliffs: Prentice Hall, 1983.

MILLS, Charles. Wright. **The Power Elite**. New York: University Press, 1956.

MONGELÓS, Silvia Avelina Arias. **O recrutamento de advogados pelo quinto constitucional para o Tribunal de Justiça do Paraná**: um estudo dos processos seletivos de 2010 e 2012. 2013. 116 p. Dissertação (Mestrado em Ciência Política) – Departamento de Ciência Política da Universidade Federal do Paraná, Curitiba, 2013.

MOSCA, Gaetano. El método en la ciência política. In: **La clase política**. 1ª parte. Trad. de Marcos Lara. México: Fondo de Cultura Económica, cap. 1, pp. 43-212, 1992

MOTTA, Fernando Prestes. Controle social nas organizações. **Rev. Adm. Empres**, v. 19, n. 3, p. 11-25, 1979.

NETTO, J. Cabral. **CONAMP-CAEMP**: uma história sem fim. Porto Alegre: Magister, 2009.

NORTH, Douglas. **Institutions, Institutional Change, and Economic Performance**. Cambridge: Cambridge University Press, 1990.

NORRIS, Pippa. Democratic Divide? The Impact of the Internet on Parliaments Worldwide. **APSA Annual Meeting.** Panel, 2, 2000.

NUNES, Edson de Oliveira. **A gramática política do Brasil**. Rio de Janeiro: Zahar, 1997.

O'DONNELL, Guillermo. Accountability horizontal e novas poliarquias. **Lua Nova**, n. 44, p. 27-54, 1998.

OLIVEIRA, Ricardo Costa de. **Na teia do nepotismo**: sociologia política das relações de parentesco e poder político no Paraná e no Brasil. Curitiba: Insight Editora, 2012.

OLIVEIRA, Fabiana Luci. Agenda Suprema: interesses em disputas no controle constitucional das leis no Brasil. **Tempo Social**, v. 28, n. 1, p. 105-133, 2016.

OLIVEIRA, Vanessa Elias de. (org.) **Judicialização de políticas públicas no Brasil**. Rio de Janeiro: Ed. Fiocruz, 2019.

OLIVIERI, Cecília. Política, burocracia e redes sociais: as nomeações para o alto escalão do Banco Central do Brasil. **Rev. de Soc. e Política**, n. 29, p. 147-168, 2007.

OLSON, Mancur. **A lógica da ação coletiva**. Tradução: Fabio Fernandez. São Paulo: Edusp, 1999.

OMETTO, Maria Paola. **Implicit corporate political activity and elite formation**. 108 f. Tese (Doutorado CDAPG) – Fundação Getulio Vargas, Escola de Administração de Empresas de São Paulo, 2020.

PANEBIANCO, Angelo. **Modelos de partido**: organización y poder en los partidos políticos. Madrid, Alianza Editorial, 1995.

PARSONS, Talcott. **A estrutura da ação social**: um estudo de teoria social com especial referência a um grupo de autores europeus recentes. II. Weber. Trad.: Raquel Weiss. Rio de Janeiro: Ed. Vozes, 2010.

PELIZZO, Riccardo; STAPENHURST, Frederick. **Government Accountability and Legislative Oversight**. New York, NY: Routledge, 2014.

PERISSINOTTO, Renato Monseff. **As elites políticas**: questões de teoria e método. Curitiba: Ibpex, 2009.

PERISSINOTTO, Renato Monseff; MEDEIROS, Pedro Leonardo; WOWK, Rafael Taraszkiewicz. Valores, socialização e comportamento: sugestões para uma sociologia da elite judiciária. **Rev. Sociol. Polit**, v. 16, n. 30, 2008.

PERISSINOTTO, Renato Monseff; VEIGA, Luciana Fernandes. Profissionalização política, processo seletivo e recursos partidários: uma análise da percepção dos candidatos do PT, PMDB, PSDB e DEM nas eleições para Deputado Federal de 2010. **Opin. Publica**, v. 20, n. 1, p. 49-66, 2014.

PERISSINOTTO, Renato Monseff; CODATO, Adriano. Apresentação: por um retorno à Sociologia das Elites. **Revista de Sociologia e Política** [online]. 2008, v. 16, n. 30, pp. 7-15, 2008.

_______. **Como estudar elites**. Curitiba: Ed. UFPR, 2015.

PERISSINOTTO, Renato Monseff; CAVALIERI, Marco Antonio Ribas; DANTAS, Eric Gil; DIAS, Rodolfo Palazzo. Redes sociais e recrutamento: o caso dos diretores e presidentes do Banco Central do Brasil (1994-2016). **Tempo Social**, v. 29, n. 3, p. 61-82, 2017.

PIERSON, Paul. Increasing returns, path dependence, and the study of politics. **The American Political Science Review**, 94 (2), p. 251-267, 2000.

PIZZORNO, Alessandro. (1980). I Soggetti del Pluralismo: classi partito sindacati. Bologna, Il Mulino.

PRIOR, Lindsay. Content Analysis. In: LEAVY, Patricia (ed.) **The Oxford Handbook of Qualitative Research**. Oxford: Oxford University Press, p. 359-379, 2014.

PUTNAM, Robert. **The Comparative Study of Political Elites**. New Jersey: Prentice Hall, 1976.

REED, Michael. Masters of the Universe: Power and Elites in Organization Studies. **Organization Studies**, 33 (2), p. 203–221, 2012.

RIBEIRO, Pedro Floriano. A lei da oligarquia de Michels: modos de usar. **Rev. Bras. Ci. Soc.** v. 29, n. 85, p. 179-193, 2014.

RIBEIRO, Leandro Molhano; ARGUELHES, Diego Werneck. O conselho no tribunal: perfil quantitativo das ações contra o CNJ junto ao STF. **Direito & Práxis**, v. 6, n. 12, p. 464-503, 2015.

RITZER, George; SMART, Barry (eds.). **Handbook of social theory**. London: Sage Publications, 2001.

RODRIGUES, Leôncio Martins. **Trabalhadores, sindicatos e industrialização**. Rio de Janeiro: Centro Edelstein de Pesquisas Sociais, 2009.

RODRIGUES, Fabiana. **Operação Lava Jato**: aprendizado institucional e ação estratégica na Justiça Criminal. 2019. 267 p. Dissertação (Mestrado em Ciência Política) – Departamento de Ciência Política da Universidade de São Paulo, São Paulo, 2019.

RODRIGUES, Rayane Vieira. **Ministério Público, judicialização e atuação extrajudicial em Saúde**: o caso do MPSP. Dissertação (Mestrado) – Universidade Federal do ABC, Programa de Pós-Graduação em Políticas Públicas, São Bernardo do Campo – SP, 2020.

ROVER, Tadeu. Luiz Fux estende pagamento de auxílio-moradia a toda a magistratura. **Conjur**, 2014. Disponível em: https://www.conjur.com.br/2014-set-26/fux-estende-pagamento-auxilio-moradia-toda-magistratura

SADEK, Maria Tereza. **O Ministério Público e a Justiça no Brasil**. São Paulo: IDESP/Sumaré, 1997.

_______(org.). A reforma do Judiciário. Rio de Janeiro: Centro Edelstein de Pesquisas Sociais, 2010.

SAMPAIO, Marianna. Ministério Público: a independência funcional impede uma política institucional? **Opinião Pública**, 28(1), p. 200-236, 2022.

SAMPAIO, Marianna; VIEGAS, Rafael Rodrigues. Ministério Público: De Fiscal a Elaborador de Políticas Públicas. Caxambu. **Anais do 43º Encontro da ANPOCS**, 2019.

SANTOS, Juarez Cirino dos. **A criminologia radical**. São Paulo: Tirant Brasil, 2018.

SANTOS, Manoel Leonardo. Interest articulation and lobbying. In: AMES, Barry (org.). **Routledge Handbook of Brazilian Politics**. Routledge: New York, p. 132-158, 2019.

SARTORI, Giovanni. From the Sociology of Politics to Political Sociology. **Government and Opposition**, 4(2), p. 195-214, 1969.

_______. Concept Misformation in Comparative Politics. **The American Political Science Review**, 64(4), p.1033-1053, 1970.

SCHEIN, Edgard. **Organizational Culture and Leadership**. 3rd. ed. San Francisco: Jossey Bass, 2004.

SCHNEIDER, Ben Ross. **Burocracia pública e política industrial no Brasil**. São Paulo; Ed. Sumaré, 1994.

_______. A conexão da carreira: uma análise comparativa de preferências e insulamento burocrático. **RSP**, v. 119, n. 1, 1995.

SCHWARTZMAN, Simon. **Bases do autoritarismo brasileiro**. 4ª ed. Rio de Janeiro: Publit Soluções Editoriais, 2007.

SELZNICK, Philip. Foundations of the Theory of Organization. **American Sociological Review**, v. 13, n. 1, p. 25-35, 1948.

_______. **TVA and the grass roots**: a study in the sociology of formal organization. Berkeley: University of California Press, 1953.

SETZLER, Mark. Did Brazilians Vote for Jair Bolsonaro Because They Share his Most Controversial Views? **Brazilian Political Science Review**, 15(1), e0002, 2020.

SCHABBACH, Letícia Maria; GARCIA, Karin Comandulli. Novos atores nas políticas educacionais: o Ministério Público e o Tribunal de Contas. **Civitas – Revista de Ciências Sociais** [online], v. 21, n. 1, pp. 130-143, 2021.

SCOTT, John. Modes of Power and the Re-Conceptualization of Elites. **The Sociological Review**, 56, p. 25-43, 2008.

SILVA, Cátia Aida. Promotores de justiça e novas formas de atuação em defesa de interesses sociais e coletivos.

Revista Brasileira de Ciências Sociais, v. 16, n. 45, p. 127-44, 2001.

SILVA, Sivaldo Pereira da; BRAGATTO Rachel Callai; SAMPAIO Rafael Cardoso. **Democracia Digital, Comunicação Política e Redes**: Teoria e Prática. Folio Digital, 2016.

SILVEIRA, Adriana Aparecida Dragone; XIMENES, Salomão Barros; OLIVEIRA, Vanessa Elias de; CRUZ, Silvia Helena Vieira; BORTOLLOTI, Nadja. Efeitos da judicialização da educação infantil em diferentes contextos subnacionais. **Cadernos de Pesquisa** [online], v. 50, n. 177, pp. 718-737, 2020.

SINHORETTO, Jacqueline. Reforma da justiça: estudo de caso. **Tempo Social**, v. 19, n. 2, pp. 157-177, 2007.

STONE, Lawrence. Prosopografia. **Rev. Sociol. Polít.**, v. 19, n. 39, pp. 115-137, 2011.

THELEN, Kathleen. Historical institutionalism in comparative politics. **Annual Review of Political Science**, 2, p. 369–404, 1999.

TRAGTENBERG, Maurício. **Burocracia e ideologia**. 2ª ed. São Paulo: Ed. Unesp, 2006.

TROMBINI, Maria Eugenia. Elite judicial e elite política: da convergência ao antagonismo no combate à corrupção? In: CODATO, Adriano; GABRIEL, Garyela; SAINZ, Nilton; BITTENCOURT, Maiane; SILVA, Rodrigo da. **A profissão política**: investigações sobre políticos profissionais no Brasil, p. 439-472, 2021.

VALENTE, Fernanda. Juiz das garantias fica suspenso até decisão em Plenário, decide Fux. **Conjur**, 2020. Disponível em: https://www.conjur.com.br/2020-jan-22/fux-revoga-liminar-juiz-garantias-atereferendo-plenario

VASCONCELOS, Natalia Pires de. Entre justiça e gestão: colaboração interinstitucional na judicialização da saúde. **Revista de Administração Pública** [online], v. 55, n. 4, pp. 923-949, 2021.

VIANNA, Luiz Werneck (org). **A democracia e os três Poderes no Brasil**. Belo Horizonte: Editora UFMG, 2002.

VIEGAS, Rafael Rodrigues. Os procuradores-gerais da "Nova República". Caxambu. **Anais do 43º Encontro da ANPOCS**, 2019.

______. Governabilidade e lógica de designações: os "procuradores políticos profissionais". **Revista Brasileira de Ciência Política**, n. 33. 2020.

______. A face oculta do poder no Ministério Público Federal e o poder de agenda de suas lideranças. **Revista Brasileira de Ciência Política**, n. 39. 2022.

VIEGAS, Rafael Rodrigues; LOUREIRO, Maria Rita; TOLEDO, Amanda Picazio. A Lava Jato como ponto de inflexão sobre o Estado de Direito e a democracia no Brasil. **VIII Congreso Internacional de Ciencia Política de la Asociación Mexicana de Ciencias Políticas**. Guadalajara, México, *working paper*, 2020.

VIEGAS, Rafael Rodrigues; XAVIER, Lucas Busani. The Political Use of Twitter by the Federal Prosecution Service in Brazil. **IAPSS Virtual World Congress**: Democracy, Identity, and Power, 2021.

VIEGAS, Rafael Rodrigues; BORALI, Natasha. Análise de conteúdo e o uso do Iramuteq. **Revista Latinoamericana de Metodología de la Investigación Social**, 23, p. 21-37, 2022.

VIEGAS, Rafael Rodrigues; BERLATTO, Fábia; MONGELÓS, Silvia Avelina Arias; LIMA, Débora Dossiatti de. O espaço formal de ação do Ministério Público entre 1989 e 2016: mudanças incrementais e ativação estratégica. **Revista Direito Público**, (19), 101, 2022.

VIEGAS, Rafael Rodrigues; LOUREIRO, Maria Rita; ABRUCIO, Fernando Luiz. Do controle externo à simbiose com o sistema de justiça: a ação normativa do CNJ e do CNMP. **Revista Brasileira de Ciências Sociais**, 2023.

VILAÇA, Luiz. De práticas a capacidades: a atuação de procuradores do Ministério Público Federal no caso de Belo Monte. **Sociedade e Cultura**, v. 20, n. 1, pp. 61-81, 2017.

WEBER, Max. **Economia y Sociedad**. Trad.: José Medina Echavarría *et. al*. México: Fondo de Cultura Económica, 1975.

______. The profession and vocation of politics. *In*: LASSMAN, Peter; SPEIRS, Ronald. (eds.). **Weber**: political writings. Cambridge: Cambridge University Press, p. 309-369, 1994.

______. **Parlamento e governo na Alemanha reordenada**: crítica política do funcionalismo e da natureza dos partidos. Petrópolis: Vozes, p. 41-70, 2003a.

______. Os três tipos puros de dominação. *In*: CONH, Gabriel. (org.). **Max Weber**. Sociologia. 7ª ed. Trad.: Amélia Cohn e Gabriel Cohn. São Paulo: Ática, p. 128-143, 2003b.

______. Critical Studies in the Logic of the Cultural Sciences. *In*: **Methodology of the Social Science**. Trad. Edward A. Shils & Alan Sica. New Jersey: Transaction Publishers, p. 113-188, 2011.

WOOD, B. Dan.; WATERMAN, Richard. W. The dynamics of political control of the bureaucracy. **The American Political Science Review**, v. 85, n. 3, p. 801-828, 1991.

WRIGHT, Ronald; LEVINE, Kay; GOLD, Russel (Eds.) **The Oxford Handbook of Prosecutors and Prosecution**. Oxford University Press, 2021.

ZAFFALON, Luciana. **Uma espiral elitista de afirmação corporativa**: blindagens e criminalizações a partir do imbricamento das disputas do Sistema de Justiça paulista com as disputas da política convencional. Tese de doutorado, FGV-EAESP, 2017.

ZALD, Mayer; LOUNSBURY, Michael. The Wizards of Oz: Towards An Institutional Approach to Elites, Expertise and Command Posts. **Organization Studies**, 31 (7), 963–996, 2010.

ZAVASCKI, Teori Albino. **Processo coletivo**: tutela de direitos coletivos e tutela coletiva de direitos. 4ª ed. São Paulo: Revista dos Tribunais, 2009.